U0516701

岁月书香

百年中华的书人书事

岁月书香

四集

中 华 书 局

图书在版编目(CIP)数据

岁月书香:百年中华的书人书事.第4集/中华书局
编辑部编. -北京:中华书局,2012.3
ISBN 978-7-101-08533-4

Ⅰ.岁… Ⅱ.中… Ⅲ.中华书局-史料
Ⅳ.G239.22

中国版本图书馆CIP数据核字(2012)第027013号

书　　名	岁月书香——百年中华的书人书事(四集)
编　　者	中华书局编辑部
封面题签	刘　涛
责任编辑	张玉亮　孟庆媛
出版发行	中华书局
	(北京市丰台区太平桥西里38号　100073)
	http://www.zhbc.com.cn
	E-mail:zhbc@zhbc.com.cn
印　　刷	北京瑞古冠中印刷厂
版　　次	2012年3月北京第1版
	2012年3月北京第1次印刷
规　　格	开本/787×1092毫米　1/32
	印张11　插页4　字数190千字
印　　数	1-5000册
国际书号	ISBN 978-7-101-08533-4
定　　价	28.00元

百年岁月　一脉书香

　　岁月波澜，书香绵延。2012年，中华书局迎来了她的百年华诞，这是中华同人与广大作者、读者共同的节日。一百年历程，数万种图书，构筑起中华学术文化的共同家园，而根植其间的，正是那些世代相传的书人与书事、精神和情怀。为此，我们特别编选了这部系列文集，跟大家一起回望时光的斑斓，追怀先辈的风雅。

　　这部系列文集分为四集，所选文章大体以人物和事件的时代为序，以开创基业、建国之初、"文革"期间和改革开放四个历史阶段划分。选文的标准，侧重内容的可读性，增广见闻，以备故实，涉及书局变迁、转型等重大事件，以及那些跟书局休戚与共的作者、编辑，那些图书、刊物背后的故事。限于篇幅，总体而言，选文详远略近；部分文章采用了节选的方式，在不影响文义的前提下做了必要的技术处理。还有一些偏重学术、兼具书评性的文章，此次未能收录，将另外编选刊行。所选文章因为写作或发表于不同年代，叙事或欠完整，语境容有差异，我们尽可能保留了原文写作时间，附注文章出处，供读者参考。

历史的印迹，在我们的脚下延伸。这部小书，只是百年中华一路前行的一个侧影，愿这百年岁月，一脉书香，常驻心间。

中华书局编辑部

2012 年 2 月

目　录

李一氓同志与《中华大藏经》(汉文部分)

任继愈

李一氓同志是革命老前辈,名字我早已熟知,工作上的接触是在1964年初。那时胡愈之同志为团长(中尼文化友好代表团),去尼泊尔王国访问,我是成员之一。临行前,一氓同志约我们全体团员见了一面,谈话中,他叮嘱代表团到尼泊尔遇到有关佛教的重要资料可以买一点,钱不够,由使馆解决。当时他在国务院分工主管外事工作,除了注意政治、经济,还关心文化,给我留下了深刻的印象。这次去尼泊尔加德满都,逛书店,买了一部意大利藏学专家杜齐(Tucci)的书,这部书在欧洲已不易买到,现在该书充实了我们世界宗教研究所的图书馆。

"文化大革命"初期,有时在广安门中医研究院针灸科看病时遇到,都在困境,都在患病,打过招呼,未多谈。

游黄山始信峰,有一块二尺见方的石刻,是李一氓同志

　　李一氓（1903—1990），四川彭州人。国务院古籍整理出版规划小组第二任组长，在主持古籍小组工作的十年中，组织全国的专家学者，规划并整理出版了一大批重要古籍。

的作品。我对一氓同志的革命经历、文学修养又加深了一层认识。

1977年以后，我从北京大学搬到三里河南沙沟宿舍，与中央档案馆曾三同志经常过从，曾三同志谈到他与一氓同志在下放时的生活片断，我对一氓同志的严肃认真的作风又多了一分了解。

在1981年，国务院恢复古籍整理出版规划小组，李一氓同志主持这项工作。我与哲学组的几位同志应邀参加了这次会议，会议期间，我提出了整理、编辑《中华大藏经》汉文部分的计划。这次会议使人感到振奋、鼓舞。制订计划，不是修修补补，零敲碎打，而是有计划、按学科门类、有系统地进行整理。李一氓在会上正式提出，整理古籍，不限于传统的经史子集，佛藏、道书也是中国古籍，也要一并考虑。像他这样高瞻远瞩的见解与气魄，比清朝《四库全书》的编纂者的见解不知要高出多少倍。《四库全书》把佛、道二教典籍摒斥于传统文化圈以外，只在"子部"门类占了很小一部分。《四库全书》轻视佛、道二教的编辑原则并非首创，《隋书》载王俭的《七志》以道佛附见，合为七门。阮孝绪《七录》以佛录第六、道录第七。《隋志》则于四部之末附载道经、佛经总数，《唐志》以下，有经目而不详。这说明儒家传统观念，怀有门户偏见,认为佛、道典籍价值不大。

只有无产阶级具有宏大开阔的胸怀,不带有门户偏见,以继承全人类文化为己任,凡是有价值的文化遗产,都要重视、研究、吸收。佛、儒、道三家在中国都有千年以上的历史,释迦牟尼、孔子、老子并称"三圣",佛教、道教的影响已深入到千家万户,它渗透到中华民族的家庭生活、社会生活、文化生活各个方面。研究中国文化,只看到儒家的经史子集,而看不到佛藏、道书就不全面。

在李一氓主持的古籍整理工作,给佛教典籍的整理工作以充分重视,体现了党的文化方针的正确。佛教典籍数量相当多,初步检查,佛书约有2400余种,23000卷以上,数量约当《四库全书》的四分之一。

会议期间,我把酝酿了多年,整理一部新编的大藏经的计划写了出来,交给了大会。我根据现在世界通行的大藏经的情况,认真地考虑,觉得它们有严重缺点,编排有缺点,收录也不完备。像日本大正大藏经出版时,尚未发现山西《赵城金藏》,《房山石经》也未发现。我们新编的大藏经,第一要做到收集齐全,不使遗漏;第二要做到版本精善。我们以《赵城金藏》为底本,再以《房山石经》、《崇宁藏》、《资福藏》、影宋《碛砂藏》、《永乐南藏》、《径山藏》、《清藏》、《高丽藏》八种版本会校。《赵城金藏》与《房山石经》都是稀世珍本,从未向世界全部公开过。这八种会校本大体上反映了从隋唐到清朝一千多年间我国大藏经的面貌。《赵城金藏》为底本的价值在于它是北宋《开宝藏》的复刻本,每版二十三行,每行十四字。在《开宝藏》散失殆尽的情况下,《赵城金藏》在校勘和版本方面都具有无比优越性。我国现存的众多大藏经中,未经传世的还有《房山石经》、《辽藏》、《元官版藏经》、《洪武南藏》、《武林藏》和《万历藏》六种。其中所收典籍均少于《赵城金藏》(《赵城金藏》近七千卷,现存有五千八百余卷)。《赵城金藏》有缺佚,可用《高丽藏》补足,这两种大藏经同是《开宝藏》体系的复刻本,版式相同。有了一部《中华大藏经》(汉文部分),等于同时拥有八种善本的大藏经。八种大藏经汇集于一编,这是过去任何公私藏书家都办不到的。

像这样一项浩大工程,整理、普查全部佛藏资料,全部典籍如果编辑完成后,所收典籍当在二万卷以上。这项工作不但在中国,而且在世界文化史上,也是一项壮举。它反映了中华人民共和国整理古籍的新水平。

历代的大藏经的编辑,都是为皇帝祈福,为编辑者造功德。《中华大藏经》(汉文部分)第一次提出保存民族文化遗产,为科学研究提供有价值的资料,为佛教界提供完备的经典以供讽诵、供养。

古籍整理会议结束时,李一氓同志明确表示,支持《中华大藏经》(汉文部分)的上马,还笑笑说:"我是禅宗的顿派",表示要做的事,就不要拖拉。

照正常程序,开办一项较大的工程要向国家要编制,要建筑面积,要设备。我们也采取了一氓同志所说的"禅宗顿派"的作风,没有等待条件齐备了再动手工作,我们只抽调了当时世界宗教研究所佛教研究室的两三位同志,加上几个研究生,租了两间房子就工作起来。人手不足,我们从中学离退休的教师中选聘了一批热心文化又有古文字修养的,参加版本校勘工作。1982年列入国家整理古籍的项目以后,1984年就出版了第一批大藏经,共五册。

《中华大藏经》(汉文部分)从列入国家计划到出书,李一氓同志都付出了极大的精力。这样一部大书,编辑在北京,印刷、装订在上海,哪一个环节出了故障都不行。开始的两三年,工作还没有完全走上轨道,一氓同志每到一定时期,召集编辑、出版有关人员开一次会,交流情况,排除困难,协调步骤,保证了工作正常运行。一氓同志生前最后的两三年,心脏病常发作,召集大家开会的时间少了,有关大藏经的事找到他,他总是热心支持,能解决的当时解决。这部书的定计划、出版、装帧设计、题签，甚至纸张印刷，平装、精装，大大小小的事，都有一泯同志的心血。

我们原来计划这部书十年之内完成，这是按一切都顺利进行的估计，做起来往往有一些意想不到的情况，一泯同志生前只看到《大藏经》的三十七册，没有看到全书出齐，这应当是一泯同志一桩未了的心愿。最近一年多，一泯同志的健康一直没有得到恢复，时好时坏，经常住院。《大藏经》的事他还是挂在心上。他给我的一封短信中说："四月底以后，复为心脏病纠缠，精神不佳。我意以专力完成《大藏经》的正编及其目录，此项工程已算了不起。如能完成，当可告无罪于天下。至于续编及近代检索装备，只能留及后人。"这是他对《大藏经》最后的关怀。病中已不能动手写字，信是别人代笔，由他签名的。

整理《大藏经》是李一泯同志主持古籍整理工作的一部分，古籍整理只占他一生中晚年生活的一部分。一泯同志是一位坚定的革命家，从我和他的接触中，他更关心的是中国的前途、世风、学风、党风，更关心的是马克思主义哲学的前景和发展方向。他看到有些共产党人热心尊孔却不大热心学习马克思主义哲学，深感忧愤。孔子诞辰闹得鼓乐喧天，马克思诞辰过得平平淡淡，他认为这是一种颠倒。一泯同志

《中华大藏经》（汉文部分）

有一次问我,有没有学哲学的朋友可以给我介绍一两位。我想,要找一两位能和一氓同志谈谈哲学的人,要有学识、有人品,仓率间难以提得出,要仔细考虑考虑才行。这件事常记在心上,一直没办,今天想起来,又是一件极大的憾事。

中华民族的传统文化向上追溯可以回到春秋战国,再向上可以追溯到公元前二三十世纪。中华民族的向未来瞻望,可以瞻望到共产主义社会。马克思主义为骨干的新文化离不开古老的传统文化,两者不能割断。新旧文化如何衔接,衔接得自然、融洽,我从一氓同志的品格中得到启发,受到教育。

(《李一氓纪念文集》,中华书局,2002)

存亡续绝　嘉惠后学
——李一氓同志与《古逸丛书三编》

冀叔英

　　李一氓同志是一位革命老前辈，为革命做出了很多贡献，在学术文化战线上，他同样是一位卓越的指挥员。1981年国务院恢复古籍整理出版规划小组工作，到1990年，李老在主持这项工作的九年中，为收集整理出版古籍，倾注了大量心血，对保护和弘扬祖国优秀文化传统，发挥了重大作用。选编影印《古逸丛书三编》就是在李老的倡议和具体指挥下，才得以问世的巨制之一。1982年3月古籍小组举行全体会议时，李老提议，考虑在黎庶昌《古逸丛书》和商务《续古逸丛书》之后，选印《古逸丛书三编》，把传世罕见的宋元古籍选编进去，使前人不可得见的孤本得以普及，为古籍校释和学术研究提供有益的资料。会后李老征集一部分同志意见，酝酿拟就一份《古逸丛书三编》简目，当年五月约请几位同志就影印《三编》研究交换意见，事情就这样落实了。现在《三编》陆续影印出版了四十三种，其中绝大部分是传世仅存的孤本，还有的书是成书后最早的刻本，以及我国藏书史上流传有自、并世无两的珍本。

《三编》选印各书的着眼点，是很具特色的，一是选书标准既重视版本价值，同时顾到学术价值和资料价值。二是只要属于孤本秘籍，不计书之全或不全。如经部书选印了南宋淳熙抚州公使库刻"六经"中的《礼记》和《春秋公羊经传解诂》。据宋黄震《黄氏日抄》咸淳九年修抚州六经跋，宋时抚州刻有六经三传，至咸淳时又添刻《论》、《孟》、《孝经》，以足十二经之数。《礼记》一书，卷末有淳熙四年抚州公使库刻书衔名七行，《春秋公羊经传解诂》版式、字体、刻工与《礼记》并同，可知为同时官版。今传世抚州本诸经，全帙只此二部，尚有《周易》、《春秋经传集解》残帙存世。抚州本《礼记》为海源阁杨氏"四经四史之斋"旧藏宋本四经之一。再有浙东茶盐司刻本五经，传世全帙有三种，即《周易注疏》、《尚书正义》和《礼记正义》。茶盐司刻本诸经，始将经文、注、疏合刻于一本，是宋代经、注、疏合刻的第一版，因刻于绍兴，世称"越州本"，又称"八行注疏本"。《礼记正义》有绍熙三年黄唐跋，称"本司旧刊《易》、《书》、《周礼》正经注疏萃见一书"，即指此本。黄唐任职浙东茶盐司前，茶盐司先有旧刻《易》、《书》、《周礼》三经，黄唐又取《毛诗》、《礼记》二经刻之。《毛诗》、《周礼》二经久佚，《礼记正义》有 1927 年潘氏宝礼堂影刻本，《三编》选印了《周易注疏》和《尚书正义》。这些在传统文化的经书中都是珍贵的资料。

《三编》还选印了一批出色的既富资料价值又具版本性质的书，其中首推宋刻《金石录》。宋洪迈《容斋四笔》云："赵德甫《金石录》三十篇，其妻易安李居士作后序，今龙舒郡库刻其书，而此序不见取。"这一刻本经历宋、元、明几朝，一直隐晦不为人所知，元、明两代近四百年不见重刊，明代所传全属抄本，至清顺治间始有谢世箕刻本，谢本舛误较多，未足为人重视，乾隆时卢见曾刻本《金石录》，遂为清代通行之本。建国之初，宋刻《金石录》出现于南京，轰动一时，书中刻工有的见于淳熙舒州公使库刻本《大易粹言》，宋讳缺笔至慎字，无易安后序，与《容斋四笔》所记相符，可推知此即淳熙前后龙舒（今安徽舒城）郡斋刻本。此书字体劲秀，笔画严整，堪称宋代安徽刻书之标本。《建康实录》是记六朝事迹的史部资料之书，此书卷末有嘉祐三年江宁府校正官张庖民等衔名七行，绍兴十八年荆湖北路重雕校勘官韩畛等衔名九行，因知此书为绍兴十八年荆湖北路安抚使司重刻北宋嘉祐本。

这是此书传世最古的刻本。《大唐六典》是唐代官修记述当时职官制度的专著,书中所定制度、规程当时虽未完全实行,而唐人议论典章、仪制时,每加引用。书中卷末有绍兴四年知温州永嘉县主管劝农公事詹棫刻书跋,又有温州州学教授张希亮校正衔名一行,知为绍兴四年温州州学刻本。此书书版宋时取入国子监,元时版送西湖书院,《西湖书院重整书目》中有《唐六典》一目,盖即此本。原书中有元代"国子监崇文阁官书"楷字朱文大印,知系元代官书,入明归于内府,清代藏内阁大库,清末民初之际,由内阁大库散出。此本今存十五卷,约当全书之半,硕果仅存,犹存蝴蝶装旧式。《唐六典》一书,明代有正德十年席书、李承勋刻本及嘉靖浙江按察司刻本,两明本脱文、讹夺处甚多,可赖此本补缺谠正。还有《忘忧清乐集》的宋刻本,编入《三编》为第一部,是现存最早的围棋谱,宋代以前的围棋资料赖此得以保存,对研究中国围棋史和棋艺有重要意义。此书影印问世,在日本也引起很大的反响,对促进中日棋艺交流,起了不可轻估的作用。此书清初为钱曾所得,见于钱曾《读书敏求记》,题作《李逸民棋谱》,清中叶书归黄丕烈,顾千里为黄氏藏书所作《百宋一廛赋》中"忘忧清乐"句,即指此书,其书后归瞿氏铁琴铜剑楼。

《三编》中有一部分是原书成书后的初次刻本,和传世最古的刻本,值得重视。如程大昌的《禹贡论》附《山川地理图》,宋淳熙八年泉州州学刻本。淳熙七年程大昌出守泉州,泉州市舶彭椿年从大昌得此书副本,嘱州学教授陈应行刻之郡庠。卷末有淳熙八年陈应行刻书跋文并校勘官衔名四行,是成书后第一刻本。此书版刻精好,纸墨莹润,乃宋代福建刻书中精品。蔡沈的《书集传》,书名作《朱文公订正门人蔡九峰书集传》,宋淳祐十年上饶郡学刻本。卷后有"淳祐庚戌季秋金华后学吕遇龙校正刊于上饶郡学之极高明"二行,知为淳祐十年上饶官板。卷首淳祐十年蔡抗进书表,后有看详、书传问答,及黄自然、朱鉴、吕遇龙等跋文,宋以后本俱删去。此为传世蔡氏《书集传》最早刻本,杨氏海源阁旧藏,《楹书隅录》未著录。淳熙七年池阳郡斋刻本《山海经传》,是本书传世最早刻本,与《文选》同为尤袤所刻,二书刻工多同,宋讳缺笔至慎字。北宋刻本《范文正公集》,亦范集现存最早刻本,字体端重,避讳谨严,北宋讳朂、树、署、顼等俱缺笔,南宋讳构、沟不避。宋淳熙十四年严州郡斋刻本《新刊剑南诗稿》是陆游知严州时自刻,是陆诗的最初刻本。

《三编》中还有一些书,不仅以版本价值取重,本身又经名家递藏,所谓"流传有自",颇具文物价值。如《新序》南宋初年杭州刻本,宋讳缺笔至构字,书中刻工皆南宋初杭州地区良工。此书为清初著名藏书家钱谦益旧藏,钱谦益有跋,跋文见钱氏《牧斋有学集》。钱氏藏书处曰绛云楼,顺治初绛云楼失火,藏书焚毁殆尽,此乃烬余幸存之本。此书清中叶归黄丕烈,《百宋一廛赋》云:"新序经进,年月具官,庚寅焚如,历劫偏完",即指此本。庚寅为顺治七年,即谓绛云楼被火事。宋聂崇义撰《新定三礼图集注》,淳熙二年镇江府学刻公文纸印本;此书淳熙二年陈伯广后跋称:"熊君子复得蜀本,欲以刻于学而予至,因属予刻之。"据嘉定《镇江志》,宋时府学教授有熊克、陈伯广、徐端卿等,与陈伯广后跋相合。熊克字子复,建阳人,《宋史》入文苑传。印书纸背公文有淳熙五年府学教授徐端卿、中奉大夫充徽猷阁待制知镇江府司马伋衔名。此书宋、元间为著名易学家俞琰藏书,明嘉靖间归华夏真赏斋,华氏误认为北宋本。书中有钱谦益跋,跋文见《有学集》。还有南宋初婺州(浙江金华)刻本《周礼》,此书刻印精美,卷三后有"婺州市门巷唐宅刊"牌记,又有"婺州唐奉议宅"牌记,为海源阁杨氏"四经四史之斋"旧藏宋本四经之一。

宋、元版书有的刻印极精,直追手写真迹,有的保存旧装,犹存蝶装原貌,具有较高的艺术价值,堪与法书名书并列。虽然这不是版本的主要价值,但古籍中很多在学术、资料性、版本性质外,兼具版刻艺术价值,应属于我国雕版印刷史上的杰作。《三编》所印的书,类此者如宋龚昱辑《昆山杂咏》,开禧三年昆山县斋刻本,写刻绝精,内容文字亦胜。宋俞松撰《兰亭续考》,宋淳祐刻本,精湛绝伦。还有元至大刻本郭豫亨的《梅花字字香》,元至正刻本韦珪的《梅花百咏》,均以写刻工致、纸墨精雅见称。二书皆杨氏海源阁旧藏,杨绍和称为"璧合",见《楹书隅录》著录。在刻印技术上精妙绝伦的书,当然还不止这些,不一一列举。《三编》选印的书,不仅在学术资料价值上为前人所罕见,在雕版技术上也堪称独步。《三编》的出版使这么多的秘籍幻为化身,存亡续绝,变孤本为不孤,嘉惠后学,影响是深远的。在此,对李老的苦心倡导,从选书到出版,亲抓实干的精神,更引发我们深深的怀念。

(《书品》,1994 年第 1 期,中华书局)

列宁格勒藏抄本《石头记》回归记
——我与中华书局的一段因缘

冯其庸

一、赴苏以前

1984 年 12 月 16 日,我与周汝昌、李侃两同志,受国务院、外交部、文化部的委派,去前苏联列宁格勒东方学研究所鉴定该所原藏《石头记》旧抄本。

这件事,有一个很长的由来。先是我们看到在《参考消息》上报导苏联藏有《石头记》抄本的消息,我反复读了这篇报导,觉得这个本子很有特色,对我们研究和校订《红楼梦》可能有用处,但苦于当时中苏关系已经冻结多年,无由沟通,看不到这个本子。后来又陆续看到缅希科夫(汉译孟列夫)和里弗京(汉译李福清)的文章,这篇文章题为《长篇小说〈红楼梦〉的无名抄本》,发表在 1964 年第 5 期的苏联《亚非人民》杂志上，后来又读到台湾潘重规先生的《列宁格勒藏抄本〈红楼梦〉考索》，载1982年香港《明报月刊》上。从以上这些文章的介绍来看，这个抄本，可能确有一些价值。

当大家正在关心这个本子而无由得见的时候，中央负责古籍整理的领导李一氓同志也注意到了这个本子，并设法与苏方沟通，希望能把这个本子弄回来。

李老的努力还是卓有成效的，记得是1984年上半年，大约是四五月份，李一氓同志的秘书沈锡麟同志和中华书局的编辑柴剑虹同志到艺术研究院来看我，我们即在我办公室外的小会议室见面。沈锡麟告诉我，去苏联鉴定《石头记》抄本并争取拿回胶卷的事，已基本与苏方谈成了，李老的意思想请我去负责此事，并希望我能再推荐一位专家同去。我当即推荐了周汝昌同志。沈锡麟、柴剑虹同志回去向李老汇报后，李老很快就与研究院取得了联系，并得到了院领导的同意。记得7月2日我因事去中华书局，恰好碰到沈锡麟同志，他说，中国艺术研究院已正式同意我的建议，发了公函，并随即以公函示我。沈锡麟还告诉我，中华书局正在考虑由谁去，很快也能确定。

但事情并没有那么顺利，直到9月8日，尚无进一步的信息，恰好我在中华书局又碰见沈锡麟同志，大家为此事着急,当时决定由沈锡麟同志去向李老汇报,请李老再催促。外交部苏欧司苏联处的同志,因为李老的特殊关系,对此事也特别认真,苏联处的王凤祥同志是我的好朋友,不断将情况告诉我,也不断帮着催促。到 9 月 21 日,王凤祥同志告诉我,去苏联的事已批下来,日期是 10 月 15 日。到 9 月 24 日,我院外事办也接到了国务院的批准文件及有关办手续的细则,此时中华书局也早已确定由总编辑李侃同志去。9 月 27 日,我见到了李侃同志,他告诉我,李老已与文化部商量过,这次赴苏,由我负责,任团长。到 10 月 8 日,得知苏方又提出要对等的邀请,故行期可能还要延迟。10 月 10 日,李一氓同志说:一、这个小组只有三个人的成员,由冯其庸负责任组长;二、小组的对外发言由冯其庸代表,不要大家都发,以免差误;三、有不同意见,不要在苏联争论,我们的目的是把书弄回来,有不同意见,你们回来再争论;四、不要争着发文章,等书出版后大家研究。我觉得李老的嘱咐是很中肯的,只要紧记李老的嘱咐,以大局为重,这几点都没有什么不能做到的。

我们的行期原定 10 月 15 日,但签证迟迟不来,到了 10 月 15 日仍不见动静。后来电询外交部苏欧司苏联处,得知已改在本月 28 日。于是我们再作 28 日启程的准备。但到了 27 日签证仍未到,那么 28 日显然又不能成行。到了 12 月 6 日,又通知说 12 月 16 日赴苏,当时我们都不大敢相信不会再改变日期,好在一切都早准备好了,随时可以走的。到了 12 月 13 日,得到中华书局的正式通知,赴苏日期定在本星期日,即 12 月 16 日。并通知 14 日到中华书局李侃同志处开会,领取护照机票,并由沈锡麟同志代表李老再次宣布他原嘱咐过的话,再次明确小组由冯其庸任组长,一切有关事宜由他负责,并同时明确李侃同志负责小组的费用管理和有关出版事宜。

至此,我们赴苏前的准备工作和出国的手续,才算全部完成。

12 月 16 日,我早晨 4 点起床,5 点来车接我,即去南竹竿胡同接周汝昌同志,一起赴机场。恰值昨夜大雪,严寒,地上积雪甚厚,因为起得早,路上积雪尚未清除,路很难走,但我们到机场时,李侃同志早就到了,还有许宏同志帮我们办登机的各项手续,7 时飞机准时起飞。机舱中很冷,我穿的全部衣服都未脱,因为起得早,所以我在机舱中又朦朦胧胧地睡着了。飞机飞行八个半小时,即到莫斯科机场,因时差,莫斯科的时间为中午十二时。在飞机降落时,我看到莫斯科也是大雪,半空中俯视,真是一片冰雪世界。

二、列宁格勒、莫斯科的鉴定和谈判

下机后,经过海关,检查甚严,检查人员拿着我的护照,从护照照片对照我的脸来回足有四五次,后面的人等得很着急,但没有办法,大概足有十分钟的时间,才算安全通过。在海关外等候的有我使馆一秘梁沈修同志和其他同志,苏方是由苏联国家出版委员会派外事局副局长奥·李·别兹罗德内依及汉学家李福清前去机场迎接的,我们出关以后,就与使馆人员和苏方人员会齐。经会面后,苏方为表示礼貌,提出希望我能坐他们的车送我到使馆。经我使馆一秘梁沈修同志与对方商量后,决定让我坐苏方的车,于是我就与李福清一起上车。李福清的汉语甚好,一路不断与我说话,介绍他发现这个藏本的情况,他的主要目的是想了解我们对这个《石头记》抄本的评价,并且直接问我对这个本子的看法。我回答他说,我们很重视这个本子,所以国家才会应你们的邀请派我们来鉴定,但还没有见到原书,还不可能说出什么意见来,等看后自然明白了。李福清就说:你说得很对,还是等看过书后再说罢。他说我希望你们在莫斯科和列宁格勒能非常愉快!接着他就给我介绍沿途的景色,到将近莫斯科时,要过一座桥,他说当年卫国战争时,希特勒法西斯的部队已接近这个桥头,但始终没有能越过这个桥,桥上至今还留有许多弹痕。等车开到跟前时,我果然看到桥柱上弹痕累累,可见当年苏联抗击德国法西斯的保卫莫斯科之战的惨烈。我不禁对苏联红军的英勇无畏和对斯大林反法西斯的指挥若定、临危若安的统帅风范深深表示敬意。车子很快就到了使馆门口,后面的车还没有来,按例苏方的车不能开进我们的使馆,所以我就在使馆门口下车,与李福清告别,自己进入使馆,约等了半小时,后面的车方到,即一同进入使馆的招待所。

使馆面积很大,面临友谊街,对面就是莫斯科大学,正当大雪,所以一眼望出去全是冰雪天地,但气温还不算太冷。

午饭后,稍事休息,即与杨守正大使见面,杨大使很关心此事,他嘱咐我们到列宁格勒看书后,不要立即发表意见,等回来再谈。

莫斯科下午五时即掌灯,我们因为一天的疲劳,所以晚饭后即睡,由梁沈修同志为我们安排住房,因为使馆内客房紧张,所以让我与李侃同志同住一室,周汝昌同志年龄较大,就单独安排一室,设备较好,比较安静,便于他休息。

第二天上午,即 12 月 17 日,苏联国家出版委员会副主席设宴宴请我们,席间,各致寒暄,气氛很好。我代表小组将带去的精装《红楼梦》送给他们,他们说书出得很好。副主席说,希望加强交流,他非常欢迎我们去,他说到列宁格勒看本子后,他等我们回来,他已准备好签字的钢笔,希望能很快达成协议。整个会议的气氛相当热烈,我使馆的同志还告诉我,说今天苏方用来招待的巧克力,是最高级的一种,这意味着他们对我们的到来非常重视,也意味着他们希望谈成。

当天晚上十一时五十分,去列宁格勒的火车开动:使馆的二秘许恒声同志陪同我们去列宁格勒,苏方则由李福清和出版局长别兹罗德内依同去,车行一夜,第二天清早八时半到达列宁格勒,车到时,天还未大亮,东方学研究所已派人派车来接,把我们送到莫斯科大饭店,住房设备很一般,但房价却要41美金一天。在饭店早餐后,因离东方学研究所较远,上午已来不及去研究所,即送我们去参观冬宫博物馆。冬宫是一座有名的建筑,收藏极富,为全世界有数的几家博物馆之一。博物馆馆长是苏联科学院院士,极为热情,说冬宫博物馆对尊敬的中国贵宾,没有不可以开放的部分。然后拿出有刘少奇、陆定一签名的大签名本来要我们签名,并说从他们两位以后,直到今天,我们是第一次来。签名后,我们随即参观中国馆,其中陈列极富,但都是从我们这里拿去的,看了也令人别有一番滋味在心头。因为时间关系,实在来不及看,我只认真看了西夏的部分,即从我国额济纳旗黑水城盗去的那些珍贵文物,真是洋洋大观,但我也只是草草而过,不能过细地看。

下午,即去东方学研究所,东方学研究所在涅瓦河畔,面临涅瓦河,对面即是彼得堡要塞。阿芙乐尔号巡洋舰原即停于涅瓦河内,这时刚好开出去修理,我们未能见到。

到东方学研究所后,先是开了欢迎会,由所长佩德罗相讲话表示热烈的欢迎,参加会议的有孟列夫、索罗金、李福清、所学术秘书等人,简单谈话以后,即去参观他们的藏品,先是给我们看黑水城出土的文书,接着又让看他们藏的敦煌卷子,我当时心里很着急,不知道为什么让看这些东西而不首先安排看《石头记》抄本?我只得告诉孟列夫,因为时间太紧,还是先看抄本罢。这样,终于拿出了《石头记》抄本。我们在一张书桌上挨次检看,开始时,李福清、别兹罗德内依等都紧张地在等着我们说话,后来看到我们三人都在认真地仔细看书,连我们自己也不说一句话,他们才渐渐散去。

列宁格勒一直是雨雪天气,终日见不到太阳,下午四时以后天就渐黑,五时后就要点灯了,我们下午到东方所,开完欢迎会又看黑水城的文书,又看敦煌卷子,到正式看《石头记》抄本已经快三点了,到五点已经天黑,看不见了,所以我们也只好结束看书,回旅馆了。

我从北京出发前,是作了一些准备的,我考虑到在那里匆忙看书,不可能有充足的时间,如果想从头看下去,是不可能的。只能抓本子的特征,用它的特征来与国内乾隆抄本的特征做比较,这样才能较快地基本判断出它的时代和抄本的大致渊源来。好在我这十多年,一直在研究《红楼梦》的早期抄本,并且写过文章。特别是国内的一些早期抄本如"庚辰本"、"己卯本"、"蒙古王府本"、"甲辰本"等我都看过原抄本;1980 年我在美国时,还看过"甲戌本"原本,而且还让我借用了一个多星期。所以在这样的基础上,我把这些主要本子的特征梳理了一下,其中尤其注重庚辰、己卯、甲戌三本的特征,因此当我去看这个抄本的时候,主要是寻找这些本子的特征,用来与它做对照比较。在这两个多小时里,仅仅比较这些我所需要比较的抄本特征,当然时间是够用了,但要进一步研讨这个本子的特点和评价它的价值,那当然需要认真研读这个本子,三五个小时的时间是无济于事的,好在现在不是对这个本子作研究,而是要对它有一个初步的基本的认识,因此经过这两个多小时的对照,我对这个本子的状况,已经大致上心中有数了。

考虑到只有明天上午半天看书的时间了,下午就要开会,特别是明天上午看完了书后,我们没有时间也没有地方可以从容商量了,而且形势摆在那里我们不可能不发表意见。我与李侃、周汝昌同志商量,他们也觉得明天下午开会我们不讲对这个本子的看法是不可能的,甚至对我们的工作是不利的。李侃说只有现在可以商量了,明天不可能商量了,他和许恒声同志都认为应该马上开会。于是我们就在茶座开会,因为茶座四面是空的,比较安全。我就把我准备的意见说了一遍,大意是肯定这个本子,也肯定李福清、孟列夫的文章,并认为这个本子有出版的价值,建议中苏联合出版等等。大家听了没有别的意见,李侃就说,明天就照这个意见说,许恒声也表示同意。

第二天(12月19日)早饭后,苏方出版委员会外事局副局长又安排我们到曙光出版社座谈以后合作出书、相互交流的事,我们当时觉得十分被动,但又不好拒绝,只好勉强去座谈。幸好时间不长,到10时,我们再到东方学研究所看书,又看了两个小时。中午,由东方学研究所招待吃饭,他们非常热情好客,其中有一位是研究宝卷的,也研究变文。我给他讲了一段我小时候在寺庙里听宝卷时的情况,他特别感兴趣;另一位是研究宋以后的语录的,都希望与我们交谈,可惜时间不允许了。午饭后,我们继续去看书,一直看到三时十分,才到下边会议室开会,商讨此书的评价和出版问题。

实际上这是我们此行的最关键的时刻,也是我们昨天预计到的必然要做的事,我思想上很明确,我们的目的是来取回《石头记》抄本的,经过目验和与国内"庚辰"、"己卯"、"甲戌"等本的特征对照,这个抄本确是有价值的,可以补国内各本之不足,所以必须让会议开好,让他们乐意与我们合作出版,把微缩胶卷弄回国。另外根据这两天的接触,我感觉到那位出版委员会外事局副局长奥·李·别兹罗德内依,是希望合作出版成功的,一是因为这是他工作范围内的事,达成协议,也是他的工作成绩之一;二是他自己说很想来中国,达成协议后,就有可能来中国了。再从李福清、孟列夫来说,他们已发表了文章,认为这是一个珍贵抄本,当然希望我们能肯定他们的见解,如果合作出版成功,更证明他们的见解高,汉学水平高。如果我们对此抄本评价不高,那他们就会感到非常难堪,事情就会对他们很不利。所以综合起来看,这次会议,只要我们能实事求是地鉴定评价这个抄本,实事求是地评价他们对这个抄本研究的成绩,合作出书的目的是完全有可能实现的。

参加会议的人,我方除我们三人外,还有我使馆的二秘许恒声同志,由他任翻译。苏方的参加人员是:东方所所长佩德罗相、副所长克恰诺夫,以及汉学家孟列夫、李福清、苏出版委员会外事局副局长别兹罗德内依,还有东方学研究所的其他人员约十四五人。

　　会议开始,苏方等待我们发表意见的情绪比较急切,在宣布开会,双方说了些礼节性的话以后,我方就由我代表小组发言,我说明我们只是匆匆看了一下,一共不到五个小时,看得很匆忙简略,意见不可能很准确,请大家原谅,我说:一、这个抄本的底本是脂砚斋本系统的本子,是一个好的底本;二、抄定的时间大约在乾隆末年或嘉庆初年,以后者的可能性为大;三、苏联学者对此本的发现报导并发表研究文章,是有贡献的,文章也是有见解的;四、此抄本值得影印。苏方听了我的四点意见后,情绪非常兴奋活跃,孟列夫就说:冯其庸同志的发言非常好,非常正确。他说只看了五个小时,只有真正的专家才能在这几小时内作出这样精辟的判断。接着周汝昌同志也表示同意我刚才的发言。这时东方学研究所所长佩德罗相立即就说,时间很紧了,赶快商谈关于联合出书的事罢。因此,我抓紧这个时机,请李侃同志讲话。李侃同志就代表中华书局讲了欢迎联合出版此书的几点意见,这正是苏方所希望的,所以他们听了特别高兴,这样会议就再次转入热烈的气氛中,紧接着东方学研究所所长佩德罗相就立即表示愿意合作出书,条件是由双方的学术机构共同署名,中方用"红楼梦研究所"的名义,苏方用"苏联科学院东方学研究所列宁格勒分所"的名义;另外,希望由双方专家各写一篇序言,放在卷首,中方希望由冯其庸、周汝昌合写,苏方由李福清与孟列夫合写。佩德罗相讲完了他的意见后,就由我代表我方表示完全同意他们的意见,这样会议就取得了完全圆满的结果,会议也在非常和谐的气氛中结束。晚上有一位旅俄的华侨庞英先生,请小组人员吃晚饭,庞英也写过有关这个抄本的文章,所以我们三人和使馆的许恒声同志一起去了,晚饭后回到住处已很晚。

12月20日,苏方又安排我们参观冬宫博物馆、俄罗斯博物馆,他们拿出来不少中国的年画想让我鉴定,我告诉他们我没有研究年画,但我们研究院有一位王树村先生是年画专家,以后可以请他鉴定。后来,他们真的找到了王树村先生。

中午,外事局副局长别兹罗德内依与我们一起在餐馆吃饭,吃饭时他突然对我说:"你是一个好人!"当时我不明白他的意思,他又说:"如果这次鉴定你们说这个本子不好,不值得出版,那李福清、孟列夫就会受到我们宣传部的严厉批评。现在你们说这个本子很好,所以李福清、孟列夫就高兴了,不会受到批评了,而且你还称赞了他们!"这样我才明白他的意思,也可见苏方当时很怕我们说这个本子没有价值,让国际学术界见笑,据说我们苏联之行的多次推迟,都是因为怕我们去了否定了这个抄本,让他们为难,后来终于排除了顾虑,让我们去了,想不到结果却让他们意外地满意。

当天晚上我们乘火车回莫斯科,第二天(12月21日)早八时半左右,我们回到了莫斯科,梁沈修同志已备车来接,到使馆吃早餐,早餐后,即向杨大使汇报,杨大使对我们的鉴定工作极为满意。下午,我们即去苏联出版委员会谈判,不想恰值苏联国防部长去世,出版委员会副主席等人都去告别遗体,谈判的时间只能另定。

当天晚上,我因疲劳过甚,半夜里受凉,当时莫斯科夜间的温度是零下24度,我第二天就发高烧,不能吃东西,由使馆的大夫来打退烧针。恰好因为苏方国防部长去世的事,不能开会,我与李侃同志商量,要争取草拟出一份协议书来,这样就可以省去许多周折。我正在生病,李侃同志马上就进行起草,他起草完后我再看,作了些修改定稿,又将稿子交周汝昌看,周汝昌同志说没有什么意见,立即就交梁沈修同志送杨大使审定。杨大使看过后,让梁沈修同志来说,他完全同意,没有作修改。这样就由梁沈修同志去安排翻成俄文,准备中、俄两种文本的文件。

　　翌日，即12月23日，天特冷，我高烧到38℃，大夫继续给我打退烧针，晚上，杨大使设宴宴请，我因身体不好，中途退席。原定苏方与我们正式谈判的日期是12月24日上午，后因上午是苏联国防部长的追悼会，谈判改在下午三时举行。下午三时，我们到出版委员会，这是最后一次正式的谈判，与在列宁格勒的情形不同，在列宁格勒虽然谈得很成功，但还只是意向性的，要正式形成中苏合作出书的文件，取决于这次的谈判，所以我们提前准备出协议的文本来也是十分必要的。我们到苏联出版委员会后，出版委员会副主席接见了我们，然后就开始会议，我即将我们刚刚翻译成俄文的两国合作出版《石头记》抄本协议草案文本交给他，请他看看有什么修改或补充的意见，他们认真看后，认为这个协议文本起草得很好，这个文本的草案是这样写的：

　　中国艺术研究院红楼梦研究所、苏联科学院东方学研究所列宁格勒分所联合整理《石头记》抄本，由中国中华书局影印出版协议书

（草　案）

　　1984年12月中华人民共和国文化部中国艺术研究院派出专家冯其庸、周汝昌、李侃就合作出版苏联科

学院东方学研究所列宁格勒分所收藏的《石头记》抄本问题,与苏维埃社会主义共和国联盟出版委员会及苏联专家孟列夫、李福清进行了会谈,并达成如下协议:

一、双方确认苏联列宁格勒分所所藏《石头记》抄本所据底本是一个早期的本子,对研究《红楼梦》具有一定的价值。同意由中国艺术研究院红楼梦研究所、苏联科学院东方学研究所列宁格勒分所共同署名,由中国中华书局影印出版。

二、双方同意由中华人民共和国文化部中国艺术研究院红楼梦研究所指定《红楼梦》研究专家冯其庸、周汝昌,由苏联出版委员会指定苏联汉学家共同进行整理,并由中苏两国整理者为本影印本各自撰写一篇论述《红楼梦》的学术序言。

三、苏联东方学研究所列宁格勒分所藏《石头记》抄本,由中华人民共和国中华书局影印出版线装本和平装胶印本两种版本。两种版本印数由中华书局根据中国新华书店征求读者的印数确定。

四、1985年1月31日以前,根据影印出版的技术要求,由苏方将《石头记》抄本全部合格的底片提交中华人民共和国驻苏联大使馆。中华书局将在1985年12

月 31 日以前,完成线装本的出版工作;于 1986 年 12 月 31 日以前,完成平装本的出版工作。

五、影印出版后,由中国文化部向苏联出版委员会赠送线装本二十部,平装本一百部,作为对苏方的报偿。同时,中国文化部将向苏联出版委员会提供已经在中国出版的《石头记》影印本三至五种各一部。

本协议由中、俄文写成,两种文本具有同等效力。

他们对文件提出了两点修改意见:一是文件说抄本有一定的参考价值,他们希望改为有较高的价值即有本质的价值;二是希望出书后赠二百部平装书。这两点意见,我们都同意了。这样,这个协议就算正式圆满通过。我方就由我代表大家肯定和确认这个协议书并代表我方向苏方发出口头邀请,邀请他们三至四人在 1985 年适当时候访华一至二周,他们立即表示满意。这样,这件事到此就宣告圆满结束,只等双方的政府机构正式签字,就可生效。

当晚十时,我们告别杨大使和梁沈修、许恒声同志即赴机场,使馆仍由梁、许二位送我们去机场,李福清还赶到机场送别,飞机准时起飞,我们在苏联的活动也到此结束。

三、出书前后

我们于 12 月 25 日中午 12 时回到北京。因为在苏联的几天活动过于疲劳,我又生过一次病,所以回家后就休息。

12 月 27 日是中国作家协会第三次代表大会的报到日期,我下午要去报到。不想一清早,我刚起来,沈锡麟同志即来接我,说李老要我速去汇报,只有很短的时间,李老还有别的事。我上车时,见李侃同志已在车里,沈锡麟同志原想再去接周汝昌同志,但李老正在等着,只有很短的时间,怕李老着急,所以直接把我们送到他家里,李老已经在等了,见到我们非常高兴,因为时间紧迫,我们将通过的协议草案交给他,很简要地说了谈判的情况,并说明双方还要有对等的签字,才能生效。李老当即就说由我驻苏联大使杨守正代表中方签字,这样问题立即就解决了。因为李老另有事,一共只谈了十几分钟,我们就告辞了。回到家里,我院外事办也找我,先要了解一下情况,因院里要向文化部、外交部汇报,所以我又去院外事办,简要地谈了一下赴苏鉴定和谈判的情况,并将协议草案交外事办向上汇报。

1985 年 2 月 7 日,我因另一事去中华书局,碰到李侃同志,他说沈锡麟也在找我,李老让我速为古籍小组刊物《古籍整理出版情况简报》写一简要介绍列藏本《石头记》的文章。我回来后,当即写了一篇短文《列藏本〈石头记〉印象》交沈锡麟同志。到 3 月 30 日,沈锡麟同志来电,说李老已看完了我的文章,并写了一首诗给我,建议将这首诗连同我的文章,一起发《红楼梦学刊》。另外,我的这篇短文,已发《古籍整理出版情况简报》第 137 期。

4 月 1 日,我去沈锡麟同志处取回李老诗稿,诗云:

> 《石头记》清嘉道间钞本,道光中流入俄京,迄今已百五十年,不为世所知。去冬,周汝昌、冯其庸、李侃三同志亲往目验,认为颇有价值。顷其全书影本,由我驻苏大使馆托张致祥同志携回,喜而赋此。是当急谋付之影印,以饷世之治红学者。一九八五年三月二十日

李一氓

> 泪墨淋漓假亦真,红楼梦觉过来人。
>
> 瓦灯残醉传双玉,鼓担新钞叫九城。
>
> 价重一时倾域外,冰封万里识家门。
>
> 老夫无意评脂砚,先告西山黄叶村。

我得到李老的诗稿后,十分高兴,当即敬步其原韵,奉和一首,诗云:

> 列宁格勒藏《石头记》抄本归,李一氓文赐诗为贺,

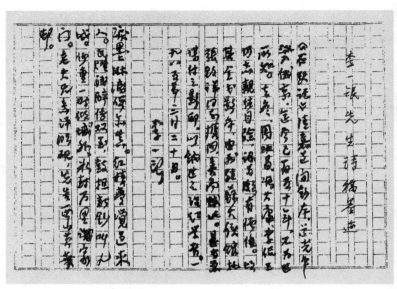

李一氓为《列藏本石头记》题诗手迹

敬步原韵

　　世事从来假复真，大千俱是梦中人。

　　一灯如豆抛红泪，百口飘零系紫城。

　　宝玉通灵归故国，奇书不胫出都门。

　　小生也是多情者，白酒三杯吊旧村。

4 月 12 日下午，我又得周汝昌同志寄来奉和李老的诗，诗云：

　　奉和氓老新篇，盖因苏藏石头记古钞付印有期而志喜也，效原倡真元两韵合用体

　　烘假谁知是托真，世间多少隔靴人。

　　砚深研血情何痛，目远飞鸿笔至神。

　　万里烟霞怜进影，一航冰雪动精魂。

　　迷埃荡尽功无量，喜和瑶章语愧村。

1985 年 3 月 18 日，我驻苏使馆托张致祥同志带回此抄本的全部胶卷，于是此书的出版就进入了具体操作的程序。中华书局确定此书的责任编辑是戴燕。戴燕有一次来找我，说苏方寄来的胶卷有脱漏，怎么也接不起来。我请她把胶卷拿来，我经过仔细核对，发现摄影者并不在行，原来他只拍书页的 A 面，不拍书页的 B 面，所以基本上凡 B 面都缺。这样中华书局又通过外交部转致我驻苏使馆，告诉苏方照片缺 B

面。苏方过了一段时间,又将 B 面补来,这样,我们先把它全部印成小照片,然后用照片依着《石头记》文字逐张贴出来,全部贴完这些照片是 1986 年的 1 月 17 日。我的日记记着:"上午,贴完列藏本照片,缺 18 张。"这样,中华又通过外交部及我驻苏使馆,终于补齐了这 18 张缺页。在整个编排过程中,我感到责任编辑戴燕是非常认真负责的,要不是她的细心,中间出点差错是极容易的,但此书直到今天,也没有发现有编排上的错误,大家哪里知道,此书的胶卷会是如此的零乱。

此书的影印工作,一方面是胶卷的编排问题,另一方面是序言问题。李老是一位热肠快性的人,事事讲求实际,他认为这部书的序言不必写长篇学术文章,只需写一篇短文介绍此书的来龙去脉,说清原由就行,所以文字限定在三千字以内,并嘱沈锡麟同志通知我,先由我起草,因为我较为年轻,可以快,然后交周汝昌同志改定,名字周汝昌在前。至于研究性的长文章,等书印出来后让大家都来写。我认为李老的胸怀是放之四海的,他不希望有人先垄断资料,虽然李老没有这样说,我领会他是这个意思,所以我谨遵这个原则,不着一字。现在李老要我赶写一篇介绍性的序言初稿,以省些周汝昌同志的力气,最后由他来定稿付印。我完全照李老的意见办了，记得序言是 5 月 29 日写好的，只花了一天的时间。因为只要三千字，而且只要介绍性的文章，所以并不费事，文章的署名是周汝昌在前，我在后。我将文章很快就寄给了沈锡麟同志转李老。由李老看过后再转周汝昌同志改定。到很晚，我才知道周汝昌同志不同意我的初稿，也不同意共同署名，只同意用他已发在《云南民族学院学报》上题为《"在苏本"旧抄本〈石头记〉论略——中苏联合影印本代序》这篇文章，由他独自署名，并将他的文章寄给了李老。李老不同意这样做，因为两国合作出书的协议写得清清楚楚，要两位学者共同署名。后来没有办法，由李老决定，序文用我写的稿子，署名用中国艺术研究院红楼梦研究所的名义，后者是我的建议，因为我不愿署名，以免不必要的纠葛。

　　与此同时的另一问题是苏方的序言。这篇序言是 7 月中寄来的，到 9 月中译成中文，有三万多字，李老觉得无论如何太长，且多有不妥之处。李老要我把它压缩到一万字左右，这实在是给我出了一个难题，而且苏方是否能同意也是问题。我踌躇再三，举笔难下。过了些时候，1985 年 12 月 2 日，李福清来北京，中华书局李侃同志宴请他，请我陪席，席间我初步谈了他们的序言的情况，我也把我方的短序给他一份，请他斟酌。他住在和平饭店，我又专门约定时间到和平饭店去与他商量此事。我开诚布公地对他说他们的文章过长,还有一些不妥之处,须要压缩和改定。例如这个本子不可能是从扬州恭王府流传出来的,扬州并没有恭王府,恭王府实际就在我们现在的脚底下,他住的和平饭店就是恭王府的原址,中国历史博物馆还藏有一张恭王府的图。其他还举了一些例子。恳谈以后,他完全相信我们是好意,没有任何误解。就说由我全权为他们的文章作压缩、删削、修改定稿工作,他也同意压缩到一万字或一万五千字左右,这个原则确定以后,我就放开手来帮他们改写。经过恳谈后,增加了相互的了解和信任,他们也不希望文章出差错,所以,过了不久,我就将压缩稿完成,交给李老审阅后转苏方,征求他们的意见。到 1986 年 2 月 3 日,中宣部的贾培信同志从苏联回来,带来了李福清请他带回的序言压缩稿,并附信完全同意我们的改稿,他们一个字也没有改动。这样这件最难的工作就算基本完成了,只等中华书局的影印出版了。

在此之前不久,在李福清到京并与他商定他们的序言压缩改定的原则以后,12 月 12 日,国务院古籍整理出版规划小组正式给我和周汝昌、李侃同志一封信:

冯其庸、周汝昌、李侃同志:

你们好! 你们受我组和李一氓同志委托,由冯其庸同志带队,于去年年底到苏联访问,和苏方商谈中苏联名出版列藏本《石头记》问题。在我驻苏使馆的大力支持协助下,经过你们的努力,现已把列藏本《石头记》全部胶卷引回国内。你们圆满完成了任务,对学术界特别是《红楼梦》研究做出了贡献,特向你们表示衷心的感谢。

目前,中华书局正在安排出版事宜。我们已委托中华书局,由他们负责处理具体问题,包括苏方序言的定稿工作,也由他们直接和苏联有关部门联系商定。特此奉闻。谨致敬礼!

国务院古籍整理出版规划小组

一九八五年十二月十二日

抄送:文化部艺术研究院

文化部艺术研究院红楼梦研究所

中华书局

这封信,标志着我们去苏联取《石头记》抄本工作的最后圆满完成。当然也可以作为我这篇回忆文章的结束。自然,赴苏前后的整个过程和出书前后,还有若干琐事原也可以一谈,但为避免烦琐,不再枝蔓了。

不过有一点不能不提,当时中苏关系已经冻结很久了,

开始解冻,是从李老倡导和一手运作的列藏本《石头记》回归
开始的。

2002 年 4 月 23 日清晨于京东且住草堂

(《书品》,2002 年第 6 期,中华书局)

感念振甫师
——兼怀钱锺书先生

黄　克

个头不高,白白胖胖,千层底鞋,步态很轻,待人接物总是满含慈祥的微笑,浓重的吴音或许难懂,却让你从中备感亲切,这恐怕就是人们印象中周振甫先生的定格。

在1972年初分配到中华书局之前,我无缘认识周先生,但有幸读过他的《诗词例话》。这本十来万字的普及读物,在当时拥有广泛的影响,是引导一代文学青年遨游诗词艺术世界的向导,读来使我终生受益。所以在中华书局初见周先生即有一种心仪久矣的激动,只是他埋头于"二十四史"的校点,接触机会并不多。

一

当其时,领导分派徐调孚先生、方南生同志和我一起标点王琦注《李太白全集》。徐老乃饱学之士，"文革"前担任文学编辑组组长，自是整理古籍的行家里手，可他远在四川江油，只分工标点《全集》的散文部分，不及对全书标点作统筹安排。我和方南生则属于门外，特别是我，过去不曾受过古籍整理的专业教育，这又是我第一次从事古籍整理工作，所以做起来颇感茫然无绪。只是不满足于标标点点，想趁机熟悉古籍，遂决心将王琦注中所引文字与原书对看一遍，想不到竟是如此的繁复。王琦是乾隆年间的著名学者，所引古籍大都现存，收藏线装古籍比较丰富的中华图书馆就可借到，这并不难，难的是引文与原书文字出现差异就不知如何处置了；碰到书中引书的情况，连下引号都不知放在哪里，常出现双引，甚至三引、四引的情况，不知如何是好。只能用当时商务印书馆的审稿签一一标出，以便求教。而求教的对象，现成的莫过于正参加校点"二十四史"的老先生了。在标点了几卷之后，我分别呈送给了张政烺先生、启功先生和周振甫先生，请求指正。张、启两位先生退还给我时，不曾着一字，只是鼓励有加。周先生则不然了，在我提出的问题的旁边，用圆珠笔蝇头小字密密麻麻几乎写满。答疑解惑，凡我所不明白的问题，都给予充分的解释：匡谬正俗，凡标点上的错误，也都一一指出，还特别写明标点工作应注意的规则，给我以极大的启发。我也像吃出甜头似的,标点完一卷就直送他审定,前后不下十卷之多,直至"评法批儒"运动开始,《全集》标点工作不得不停下来为止。

后来我获知,周先生原来是徐调孚先生的儿女亲家,周先生对我的尽心帮助又何尝不是代至亲履行辅导后学的义务呢?由此,周先生也就成了对我施行古籍整理教育的启蒙师。

二

原属中国青年出版社的周先生在结束了"二十四史"的校点工作之后,正式调到了中华书局,参加的又是文学编辑室的工作,使我得以有更多的机会向他请教。

一次,我在修订拙作《关汉卿戏剧人物论》时碰到如何对待宋代妇女守节的问题,我认为宋代理学家程颢、程颐兄弟虽提出"饿死事极小,失节事极大"的命题(见《河南程氏遗书》),但似乎只在贻害后世,于当时并无太大影响,甚至连他们本人也不大在意,并举例程颐本人因其姐之女新寡,"公惧女兄之悲思,又取甥女以归,嫁之"的故事以明之,只是不知此外还有什么可以佐证的资料。我向周先生请教,周先生说这问题很有意思,但自己对宋代资料不熟,容他考虑一下。

不几天，先生交我一信，信上还剪贴了一块信笺，告诉我这是钱锺书先生给我的回答。我仔细阅读，发现这是钱先生给周先生的回信的一部分，只有用钢笔写的几行字，意思是自干校回来，书徒四壁，无从查考，黄克同志所询，不妨查查下述几种笔记，定有收获，下面列出四种宋人笔记名。我逐一翻查，最终在彭秉《墨客挥犀》卷二查到了"王太祝生前嫁妇，侯工部死后休妻"的掌故，其中，王太祝，名，乃王安石之次子，素有心疾，且与其妻不和，王安石知其子失心，念其妻无罪，欲离异之，又恐儿媳徒担恶名，遂为其择婿而嫁之，这就是"生前嫁妇"的由来。至于侯工部，名叔献，乃王安石门人，其妻凶悍，王安石遂于侯某亡后，逐其妻归本家，"死后休妻"缘此。凡此说明，所谓妇人守节说，时人并不拘泥恪守的。这一掌故我过去也看到过，惜乎是二手材料，不知引自何书，查阅钱先生提供的几种宋人笔记，终于找到出处，自是喜出望外。我既为钱先生惊人的记忆力而叹服，更对周先生为解决我的疑难而惊动钱先生这样的大家而惶愧不安。

三

1983 年夏，局领导王春同志调我到总编室工作。有的同志提出，周振甫先生已经 60 多岁，从事编辑工作已有五十

周振甫关于《管锥编》的审读意见及钱锺书批注

年之久,可否为之庆祝一下。原来周先生四十年代就读于无锡国专,因家境困难,不及毕业,就经徐调孚先生介绍到开明书店做校对工作,好像核校朱丹九的《辞通》就是他完成的第一个任务,而钱锺书先生的初版《谈艺录》也是经他编辑出版的,终成校对员起家的资深编辑。我们的建议不仅书局领导认可,出版局的领导也很支持,并决定庆祝会在出版局礼堂举行。

周先生知道我在操办此事,曾找过我,说自己没什么贡献,不值得如此"兴师动众",其谦冲坦诚,令我感动。我也十分诚恳地说,这是领导的决定,不只是您个人的荣誉,也是我们编辑同仁的骄傲,您数十年如一日为人作嫁,甘心于默默无闻的编辑事业,本身就彰显着您的成就,更为我们树立了榜样。

事实上,为编辑举行庆贺活动,不仅在中华书局,即或出版界也是首次。对此次庆祝会许多同志都有评介,不必我来赘述,给我印象深刻的是与会的三位专家。一位是叶至善先生,他代表叶圣陶老人大谈开明书店和开明人的工作精神,而周先生就是开明人的杰出代表。一位是启功先生,他极其诙谐地谈及共事校点"二十四史",周先生的任劳任怨让他钦佩,不禁要"口窦大开"地说一说。还有一位就是钱锺书先生,他忆及解放前在开明书店出版《谈艺录》,责任编辑就是周先生,从此结下深厚友谊。后来《管锥编》由中华书局出版,也是因为周先生在中华书局,著作人追着编辑人出书,算是出版界的佳话,也足见前者对后者的充分信任。听说当时社科院本安排这位新任副院长外事活动,钱先生却径直参加此会,其珍视友情如此。

会上,还有书局几位同志的发言,其中我的发言整理成《编辑的楷模》一文,发表在《光明日报》上。而我更有一奇遇是会后跟钱先生握手时,他竟提起"你到我家来过,那时你好像不戴眼镜"的话。他的非凡记忆使我回想起发生在1975年的一段故事。那时,书局突然接到江青的"指示",要求影印出版"五朝诗别裁集",大家只知有沈德潜编选的《唐诗别裁集》、《明诗别裁集》和《国朝(清)诗别裁集》,从不见宋元诗也有什么"别裁集"。知道钱先生是宋诗专家,六十年代就出版过《宋诗选注》,于是派我去向钱先生请教。先生当时住在干面胡同社科院宿舍,去时见其桌面上摆满卡片,说是为赴法文物展审定展品法语说明文字。我提出问题后,先生明确说了一句:"宋诗版本我都看过的,不知有什么'别裁'的选本。"一句"宋诗版本我都看过",大家听了说只有钱先生敢说这样的话。顺便说一下,"五朝诗别裁集"最后还是影印出版了,其中宋元诗的"别裁"是拿清人张景星等人的《宋诗百一钞》和《元诗百一钞》来充数,此二书也只有坊间的巾箱刻本,难怪不入钱先生的法眼。

四

拙著《关汉卿戏剧人物论》出版了,很想送钱先生一册以求指正,但又担心得不到回音——其实,送人"哂政"的东西,有几个能够得到认真的回覆?何况之于大学者,更不该心存奢望。这些世故,自己也不是不明白,主要是怕自己的冒失、唐突,反招前辈耻笑。我把自己的志忐和犹豫告之周先生,先生倒是很豁达,认为不必顾虑那么多,既是虚心求教就不存在什么"丢面子"的问题。马蓉同志知道了这件事,因其夫君栾贵明兄常在钱先生处帮忙,也鼓励我说:钱先生虽然眼光很高,但对晚辈还是乐于提携的。有鉴于此,我斗胆地把书寄给了钱先生。

不两天,1984年9月9日,马蓉同志带给我一信,是栾兄让她转来的。信没封口,信封上用毛笔字写着:

烦 致 黄克同志(下面是钱先生特殊字体的签名)拜托

我兴奋之极,急忙取读:

周先生寿会上一晤，又两易寒暑，伏想佳胜。忽奉惠赐新著，竟承齿及贱名，骈骥之幸，韩退之所谓："其荣也所以为愧也！"弟老至耄及，于后起英髦，益乐厥成。容当细读。先此布谢。

反复吟读，激动之情无以言之。信中提到的"齿及贱名"，是指书的"后记"有云："记得钱锺书先生的《宋诗选注·序》在实事求是地评价了宋诗的成就之后，写了这样一段话：'鄙薄宋诗的明代学者对（宋诗的）这点推陈出新都皱眉摇头，恰像做算学，他们不但不许另排公式，而且对前人除不尽的数目，也不肯在小数点后多除几位。'"我借用钱先生的比方，意在说明我的关汉卿研究也不过做了些"小数点后多除几位"的工作罢了，不想竟被钱先生所注意，实是出乎意料。

于是我诚恳而又工整地给钱先生写了一封回信，感念回报而已，并不敢幻想什么"容当细读"，进一步作答，因为我已经很知足了。

不期好运接踵而至，本不敢幻想的事情竟成了现实。那是 10 月 4 日，距离上次回信不足一个月，先生的覆信就到了，当时真个如获至宝，惟因先生在鼓励我时多有溢美之词，让我惶愧不已，反倒应了先生引用韩昌黎的那句话"其荣也所以为愧也"。唯有窃喜，不好意思出以示人，以免招来拉大旗做虎皮之诮,故尔存于箱底,一放就是二十多年。如今年事稍长,回想此事只觉自己过于当真和幼稚,分明是先生对后生的奖掖之语,却错当成自己的实际水平,产生那种洋洋自得的心态,恰好说明自己不仅缺乏自明之名,也忒不通达人情世故了。

抛开个人的小算盘,秉公而论,先生信中于文学之道提出了十分精辟的见解,足有发人警醒处。内容如下:

> 尊著已快读一过。清人论学,"义理、考据、词章"鼎足。窃谓文学即"词章",而自有其"考据",版本、生卒、来历是也;亦自有其"义理",文艺理论是也。文心诗眼,赏心析异,斯则"词章"之本分。当世所谓"文学研究"者多致力于前二事,忽略词章本分,其故由于天分不足,乏文心诗眼也。于是"文学研究"遂成历史学、美学之附庸,而不能自立门户。

针砭时弊,可谓一针见血。在文学家辈出之今日,似乎还不曾见如此揭示"文学研究"真谛者。文学即"词章",而"词章"本身即已"自有其""义理"、"考据"的内容,故而文学研究应以"词章"为本分,方不再成为历史学和美学之附庸。诸如此类的命题不都是很值得学术界探讨的奥秘吗。本人也尝见过一些硕士生、博士生的论文,动辄数十万言,洋洋洒洒的义理发挥,重重叠叠的考据堆砌,为什么就不能在击打键盘、搜检资料之时,在文字上稍作推敲,删繁就简,疑义相析,显示一些别具只眼的词章本色呢?

我自己也如是,没有按先生的要求去做,有负于先生的期望。谨利用怀念周先生的机会将钱先生对后学的谆谆教诲公诸于众,以与我侪共勉。

五

跟钱先生交往,还有一事也和周先生分不开,那是关于《谈艺录》的出版。这部旷世杰作虽早已享誉海内外,但解放后一直没有重印过,现经钱先生大量补充,周先生大力编辑,终由中华书局出版了增订本,一时在学术界引起轰动。我在拜读之后,也不自量力地生发出写篇书评记述自己心得体会的冲动。我把这个意思跟周先生讲了,周先生说:"那很好啊。"只过两天又代钱先生捎话给我说,书评就不必了,写写书的销售情况就行了。这也就是我写《初读〈谈忆录〉》开头先写在中华书局读者服务部争购该书热闹场面的因由。这篇这不足千字的文字先在《联合书讯》上发表,这是由中华、商务、三联、人民文学四家联办的小报,一家占一版,轮流占头版,实际刊登的是各家新书广告。想不到的是我的小文章引起同事的兴趣,这给了我勇气,下决心铺演开来。偏在这时得到人文社弥松颐学长展示的美籍学者余英时书赠钱先生的一段文字,启发我最终完成了以《龙的飞舞——钱锺书先生及其〈谈忆录〉》为题的书评,发表在 1985 年 10 月 9 日《人民日报(海外版)》(此后又全文转载于《新华文摘》该年第 12 期)。

我给钱先生寄去了一份报纸,请求指正。于是我又得到了一封珍贵的回函。

大文一登载,《大公报》的吕德润同志就剪寄,后来《人民日报》海外版的舒展同志寄给我全报三份,昨天又接到美国寄来的复制剪报。我读后直觉惭愧,承你那样过奖,实不敢当,我会因此而折福减寿的!福过灾生,誉过谤至,我只想套用《镜花缘》淑士国里酸秀才的话:“兄也兄也,切莫言之!你若言之,我甚怕哉!”就文论文,你写了一篇妙笔生花的好文章,可惜题目太糟,你以为何如?颜先生的英语很好,他是南开转学插班的,和他同时插班的还有两位,其一就是曹禺同志,那时候曹禺的才华还“深藏若虚”,单凭英语排列,班上数不着他。

信中提到的“英语很好”的颜先生,即颜毓蕃,他在南开大学外文系任教,肃反运动中遭迫害而自尽。据云当年清华外文系有"三杰",即钱先生、曹禺先生和颜先生,且喻之以龙虎狗。南开园中有人叹惋颜之大才曰:狗尚如此,何况龙虎。钱先生后来跟舒展同志谈话,将这种比喻讥之为"现代神话"。但时人趋俗,均以为是,其初衷则完全出自对钱先生的高山仰止。

六

有人会有错觉,似乎我与钱先生交往很多,其实不然,只是书信往还,连个电话都不敢打,唯恐突然来电,打断先生思绪,惹人生厌。但渴望一见,以致谢忱的想法还是有的。不敢贸然登门,必须请出周先生来引见。据说钱先生听了不仅表示欢迎,还请周先生带上夫人,说好久没见了,从而确定了这次见面的温馨的氛围。就在这一年深秋的一个上午,我陪同周先生和师母到了三里河钱先生的新居。

记得正值法国驻华大使馆刚刚送来一部《金瓶梅》的法译本,于是话题也就从这两大册法译本说起。原来译者翻译过程中碰到的难题都一一向钱先生请教,所以出版后专门拜托驻华使馆代呈。说起《金瓶梅》描画人物,钱先生颇多高论,记得他说写"紫膛色瓜子脸"美人,跟《玉蒲团》写"麻子脸"美人一样,都为前人所未道,比之《红楼梦》写服饰长相的千篇一律强多了。当然在饮食文化上,《金瓶梅》又远远不及《石头记》了。

虽都是闲话,处处显其独到之见。难怪周先生曾发出过这样的感慨:钱先生平素一定很寂寞,因为很少有能交谈的人。今天是真的体验到了。听得两位先生的问答,我自无插嘴的份儿,然亲承謦欬,如沐春风,又自感念不尽。这时,同行的王秋生同志打开了照相机,为我记录下这幸福的瞬间。

一晃二十多年过去,两位先生均已驾鹤西游,离我们而去,然其音容笑貌仍时时浮现眼前。周先生对我的提携与教育、钱先生对我的关怀与鼓励,如今都成了甜美的回忆,不时发我深省,予我鞭策,足资纪念。

2011 年溽热中,于红北诚斋

(《书品》,2012 年第 1 期,中华书局)

春雨润物细无声
——周振甫先生琐忆

徐　俊

　　我们这一代人知道周振甫先生,大多是从一本薄薄的小书《诗词例话》开始的。《诗词例话》于 1979 年修订再版,那一年我刚进大学,是我们这一代人能够读到的最好的古典诗词入门书。幸运的是,1983 年我分配到中华工作,1985 年进入文学编辑室,竟然有机会与周先生成为同事。在知道分配到中华的时候,我曾不止一次地想象中华的工作场景和那些令人敬重的编辑形象,周先生是与我所想象的老编辑形象最为贴近的人,朴素、亲和、透着一股文雅之气。

　　我到文学室的时候,周先生已不每天到局上班,而是一周两次,仍承担编辑任务,叶瑛遗稿《文史通义校注》的整理和编辑出版,就是周先生这段时间完成的。周先生的办公桌在隔壁的副总经理室,不跟文学室同事一起办公。但是周先生的信箱，一个旧书柜的中间抽屉，就在我的身后，周先生有很多的信，所以每次来局，他必先到我们办公室来。起初，我是编辑部新来的年轻人，常被安排协助周先生做一些事情；后来我逐步承担起编辑室的领导工作，自然与周先生有了更多的接触，周先生主编的《文心雕龙辞典》和《文心雕龙今译》重排本，以及他生前最后一部著作《诗经译注》等，都是1989年周先生正式退休后，由文学编辑室承担出版的。

周先生80岁以后还经常独自坐公交车来局，每次在大家的一再劝说之下，他才肯让书局派车送他回家。一次周先生患带状疱疹，俗称"缠腰龙"，编辑室派我陪周先生去公安医院，到医院后，周先生借故把我和司机支应回局，让我们中午再去医院接，但他看完病却直接乘公交回家，到家才电话告诉我们不必再接。除了他不时来局，我们也经常去幸福一村看望他。周先生的住所很简陋，南窗下一张老式书桌，前后都是满柜的书，周先生一直在那里工作到生命的最后岁月。记得2000年2月，周先生90岁生日，那一天我们和沈锡麟先生等先到亮马河畔的花卉市场，订制了一个插满99朵红玫瑰的花篮，又与傅璇琮、熊国祯先生和文学室、汉学室及人事处的同事一起去为周先生祝寿，拥挤的房间里充满了喜庆。

1980 年代的中华，充溢着一种求知向学的风气。书局在礼堂开设古汉语班，由盛冬铃、陈抗、柴剑虹三位先生每周讲授王力《古代汉语》，参加者不仅有新进局的编辑、校对，还有在其他岗位包括读者服务部的年轻人。当时的团支部办了一张油印小报，记得周先生就曾将文章交油印小报发表。周先生是一个典型的谦谦君子，不善言辞，但和蔼可亲。每次有新著出版，他必签名送给编辑室每一位同事一册。我获得的第一本赠书是光明版的《文论漫笔》，后来是上古版《李商隐选集》、上教版《文章风格例话》，等等。周先生每次签名格式基本相同：某某同志　指正　振甫。娟秀的小字，一如他的为人。周先生是学者型编辑的代表，那时候，中华的老辈编辑如杨伯峻、王文锦、赵守俨，都有专精绝学。先后主管我们文学室的程毅中、傅璇琮先生，他们的著作，在当时的学术界都有重大的影响。书局提倡结合工作进行古籍整理和学术研究，室里的同事们都经常有作品发表。现在回想起来，身处其中的压力和动力，仍宛然在身。前辈的指引，同事的砥砺，自己的努力，也使我们每一个人都有所获益。

　　1987 年夏，景桐和一兵兄分别从东北师大、吉大毕业入局，几位同事都爱好书法，每天中午文学室大屋就成了书法课堂，大家一起临帖习字。大多数时候是用旧报纸，偶尔也买来宣纸,仿古宣、瓦当联,语言室的刘宗汉兄有时也来助兴,大家轮番上阵,一笔落下,喝彩声起。有两次周先生来,正遇到我们聚众写字,在我们的请求下,也为我们现场挥毫。周先生平常写字用钢笔,字迹小而内敛,毛笔书法我只见过他为《诗林广记》、《竹坡诗话》等那一套诗话系列的题签。周先生现场用毛笔书写,直立悬腕,运转自如,一连数幅,一气呵成,绝无八秩老人的羸弱。前几年我在王湜华先生的《音谷谈往录》中,看到周先生1947年的一幅设色山水"云山无尽",才知道周先生早年也曾耽于翰墨,功力非浅。周先生每次都是默写旧作诗词,我得到的两幅,一幅为《寄叶丈圣陶先生乐山》,另一幅为《题钱默存先生管锥编》:

高文何绮数谁能,谈艺今居最上层。

已探骊珠游八极,更添神智耀千灯。

九州论学应难继,异域怜才尚有朋。

试听萧韶奏鸣凤,起看华夏正中兴。

下一次再来局,周先生带了他的印章,是他的平湖同乡、海上篆刻大家陈巨来所刻,我们一一钤盖在周先生的墨宝上。

围绕着《谈艺录》和《管锥编》这两部学术巨著,周先生与钱锺书先生数十年交谊的种种佳话,已广为人知。钱先生

《管锥编》序说：

> 命笔之时，数请益于周君振甫，小叩辄发大鸣，实归
> 不负虚往，良朋嘉惠，并志简端。

1975年，受钱先生之请，周振甫先生成为《管锥编》的第一个读者。1977年，《管锥编》正式交付中华，周先生又一次进行了全面的审读加工，与《谈艺录》一样，周先生为《管锥编》逐一拟订了小标题，留下了数万字的审稿记录。审稿意见的第一条就是针对钱先生序中的表彰之辞，请他酌改："'请益'、'大鸣'、'实归'是否有些夸饰，可否酌改？"钱先生在行侧批注说："如蒲牢之鲸铿，禅人所谓'震耳作三日聋'者。不可改也。"我第一次看到这份书稿档案，就为之动容，由此体会到"为人作嫁"的深意。

1998年12月19日，钱锺书先生逝世，我特别从书稿档案中选取了两篇关于《管锥编》的选题、审读报告，整理发表于《书品》杂志（1999年第1期）。这两份报告均出自周振甫先生之手，是有关《管锥编》出版过程的最早档案记录。第一份《建议接受出版钱锺书先生的〈管锥编〉》，即出版《管锥编》的选题报告，写于1977年10月24日，编辑部于次日即做出决定，同意立即联系接受出版，并要求"从审稿、发稿直到排印出书都作为重点书予以优先考虑"。第二份《〈管锥编〉（第

一部分)审读报告》,写于 1977 年 12 月 1 日,是周先生在审读完《管锥编》第一批原稿即《周易正义》、《毛诗正义》、《左传正义》三个部分后,所写的总体意见。作为《管锥编》的最早读者,周先生对此书的价值做出了敏锐而准确的评价,同样具有很高的学术价值。

2000 年 5 月 15 日,周振甫先生逝世,我又将陆续整理的《〈管锥编〉(第一部分)审读报告》后面所附 38 页具体意见,交《书品》连载发表(2000 年第 4、5、6 期,2001 年第 1、2、3 期)。这一份记录,除了少量有关编辑技术处理的内容外,绝大多数是具体问题的学术性探讨。更为可贵的是,对于周先生提出的每一条意见,钱先生都有认真的批注,短者数字,长则百言。阅读这些文字,好像是在聆听两位智者的对谈,娓娓之中,周先生的周详入微,钱先生的渊博风趣,如在眼前。后来,应复旦中文系傅杰兄之约,这份整理稿的全本,刊登于上海三联版的《钱锺书研究集刊》第三集(2002 年),广为人知。另外书稿档案所存周先生 1983 年所写《谈艺录》(补订本)审读意见(附钱锺书先生批注),也经我整理发表于《中国诗学》第 7 辑(人民文学出版社,2002 年)。近年,德国明斯特大学汉学系于宏先生等集数年之力,对这些笔谈记录进行了深入的专题研究,其成果即将以专书形式出版,成为世界学术界所珍视的一份学术遗产，令人欣慰。

除了《谈艺录》、《管锥编》，周先生晚年花功夫做的另一部书是钱基博先生的《中国文学史》（全三册）。钱基博先生是周先生在无锡国专的老师，《中国文学史》是作者在蓝田国立师范学院的授课讲义，其中明代部分用商务旧刊本《明代文学》代替，清代部分"文革"中被毁，故附录两篇论文《清代文学纲要》和《读清人集别录》以弥补缺憾。此书由石声淮、钱钟霞夫妇和彭祖年、吴忠匡先生搜集整理，周先生负责联系出版及编辑工作。此书责任编辑仍由周先生担任，但由我协助周先生发稿和读校，周先生对原稿进行了细密的文字加工，对原稿论述欠周之处多有补苴罅漏。为此周先生曾亲携修改后的原稿，送呈钱锺书先生，钱先生通看了全部修改稿，表示认可。1993 年 3 月，《中国文学史》即将付印，涉及合约及稿费处置，钱先生致函表示由周先生全权处理，原函如下（杨绛先生代笔）：

先君钱基博先生《中国文学史》之编辑整理工作，全出周振甫先生之力，我适大病，未效丝毫。特授权周振甫先生为此书订约甲方。所有稿酬，归其全权支配。

钱锺书（朱文印）

三月十六日于北京医院

签约及出版前后，周先生又为稿酬分配、样书寄送等琐事，屡屡与我们函商，交待。下面是周先生6月3日给我的信，迻录如下，以见一斑。

徐俊同志：

《中国文学史》的稿费事，请您注意一下。钱先生不受稿费，他在授权书上，要我处理。稿费请寄与钱钟霞同志的子女，即汇给武昌华中村14号石声淮，邮编430061，石是钟霞同志的丈夫，说明由他分给四个子女。

又《中国文学史》末了，有三篇后记，这三篇《后记》的稿费，倘已包括在版税内，是否从版税中支付，请您与中华商量一下。三篇《后记》的作者可否赠书，或在作者赠书中支付，请决定。作者之一吴忠匡，通讯处为哈尔滨师大家属宿舍和兴路7号3楼1室，邮编150080。

又《中国文学史》原稿，由彭祖年寄来。彭说，原稿在钟霞府上的，被HWB烧了。原稿在彭和同学手上的，在WG中毁了。彭和同学多方寻访，访到严学宭家有一部，是他爱人用心保藏的。因此彭要送一部书给严，还要给他和两位寻访的朋友，一共四部书，寄武昌华中村62号彭祖年，邮编430061。又《中国文学史》清代的《读清人文集叙录》，是托济南山东大学古籍研究所王绍曾从图书馆中借《光华半月刊》来复制的,也想送一部给他。邮编250100。一共赠书五部。不知本书赠作者继承人几部,倘系十部,似可送钱先生五部,余五部即作为赠书。

多多费神,即请

大安

周振甫上

6/3

付印前,我曾就封面题签事与周先生商量,周先生表示他和钱先生都不便题签,最后才由我集王羲之字,交王增寅先生设计装帧。

回忆与周先生交往的点滴琐事,有一个镜头始终萦绕眼前,1997年8月周先生作为"东方之子",回答中央电视台主持人的提问,主持人问:"因为工作的原因,您最终没有成为一个职业的学者,您觉得遗憾吗?"周先生用浓重的乡音,淡淡地回答:"中华书局给我编审,就可以了。"对这个回答,人们甚至会以为答非所问,但当我们去了解周先生从开明书店到中国青年出版社、中华书局,这五六十年的编辑人生,再看那些经过他编辑出版的著作经久不衰的学术影响,再看他留下来的一份份精细的审读报告和编辑记录,也许就不难体会这句话的含义和份量了。令我深有所感的是,很多老一辈编辑,像周先生一样,一生作嫁,却安之若素,甘之如饴。他们的言传身教,如春风化雨,润物无声,这正是一种内在的职业品格的传递,而这种职业品格,对中华书局这样的百年文化企业来说,无论她走多远,都是不可或缺的。

《中华读书报》,2011 年 8 月 10 日)

我与中华书局

李 侃

　　在风风雨雨、坎坎坷坷的人生旅途上，我已经走过了八十个春秋，而在这八十年中，有一半岁月是在中华书局度过的。

　　对于中华书局，我在本溪中学读书时就知道了它的名字，那时它在沈阳（当时叫"奉天"）火车站前日本附属地内，即现在的中山路上开设了一个分局，斜对面就是商务印书馆分馆。中华书局这个分局不仅卖书，还卖文具用品，不过一般学生是很少到那里买东西的。一是因为价格太贵，二是店员态度傲慢生硬。我这个外县的穷学生只是在它的前面望一望，自然未敢进去看看或买什么东西。那时候，怎么也不会想到，将来我会到中华书局去工作，而且工作了近四十年。

　　如今，我虽然不在中华书局担任领导职务了，但仍然是中华书局的一员，对中华充满了感情。在病中回忆起在中华书局这将近四十年的生活,也还觉得很有意思。不管今后社会怎样发展、变迁,中华书局作为一个国内外著名的出版机构,总还是要存在发展的吧! 所以,病中无事,就把我在中华书局所经历的事情断断续续地写出来,为后来人们了解这个时期的中华书局历史留下一点参考资料。

一、初到中华

我是怎样到中华书局的? 说起来真是一件很偶然的事情。1957 年 3 月间,我因所谓"历史问题"在中央宣传部被审查了两年多后,要重新分配工作,开始领导有意叫我去《学习》杂志,即后来的《红旗》,我表示不愿继续呆在党政机关。这时,恰好高等教育出版社副社长郭敬,到中宣部去要干部。我和郭敬有一面之识,原先我在东北局宣传部工作时,他是热河省委宣传部的一个处长。这时高教出版社已经和商务印书馆合营,社址就在琉璃厂西街原商务印书馆门市部的一座四层小楼里。在他的劝说下,我去了高教出版社。

当时,高教出版社的社长是武剑西,武是一位老资格的共产党人,据说留学德国时是由朱德同志介绍入党的,并且与共产国际有过工作关系。平时主事的主要是秘书主任梁涛然。还有一位副总编辑叫纪昌,我在东北也认识,他当时是东北人民政府教育部高教处的副处长。商务印书馆与高教出版社合营后,已名存实亡,只保留为高教出版社的一个第四编辑室,老商务的职工,大都在出版发行部门工作。四编室主任叫戴孝侯,是原商务发行部的负责人,实际主持业务的是吴泽炎,吴原为商务《东方杂志》编辑,中文外文都好,编辑业务能力很强。郭敬副社长分管商务。我被任命为副秘书主任,参与全社领导,但着重于负责第四编辑室。我分管第四编辑室后,正赶上"反右派"运动。一个小小的高教出版社,结果也有近二十人被打成右派,后来证明都是错划的。不过,我当时虽是社反右领导小组成员之一,但是因为刚到任不久,情况不熟,在"反右派"运动中确实没起到什么作用,而且还为第四编辑室内定的郝光炎、章熊等几位同志辩护过几句,使这两人都未划成右派。不久,商务印书馆就从高教出版社分出来,社址也从琉璃厂搬到东总布胡同十号大院。

我随商务搬到东总布胡同不久就听到风传,说有一部分人要合并到中华书局。中华曾在公私合营时一度与财经出版社、古籍出版社合并,此时也准备独立出来。原来,1957年12月15日,文化部副部长齐燕铭向国务院科学规划委员会主任聂荣臻写了一个报告,提议建立"古籍整理出版规划小组",并提出了一个由19人组成的小组成员名单。这19

人分别是：

叶圣陶、齐燕铭、何其芳、吴晗、杜国庠、陈垣、陈寅恪、罗常培、范文澜、郑振铎、金兆梓、金灿然、赵万里、徐森玉、张元济、冯友兰、黄松龄、潘梓年、翦伯赞。

小组由齐燕铭负责。规划小组下设文学、历史、哲学三个分组，三个分组的名单，同样是珍贵史料，现将各分组成员照录如下：

（一）文学组，召集人郑振铎、何其芳，成员有：王任叔、王伯祥、王瑶、余冠英、邢赞亭、吴晓铃、林庚、阿英、孙楷第、徐嘉瑞、徐调孚、章行严、陈翔鹤、冯至、冯沅君、游国恩、杨晦、叶圣陶、隋树森、赵万里、钱钟书、魏建功、罗常培、谭丕模。

（二）历史组，召集人翦伯赞，成员有：于省吾、尹达、白寿彝、吴晗、吴泽、汪籛、周予同、周云青、周谷城、邵循正、金兆梓、金毓黻、范文澜、徐中舒、徐炳昶、徐森玉、翁独健、夏鼐、宿白、张政烺、陈垣、曾次亮、贺昌群、傅乐焕、齐思和、邓广铭、邓拓、顾颉刚、阎文儒、聂崇岐。

（三）哲学组：召集人潘梓年、冯友兰，成员有：王维庭、石峻、朱谦之、李达、李俨、吴则虞、吴泽炎、杜国庠、汪奠基、林宰平、林涧青、侯外庐、胡曲园、孙人和、唐钺、容肇祖、陈乃乾、嵇文甫、杨荣国、赵纪彬、刘盼遂、谢无量。

以上规划小组和三个分组成员可谓当时中国文史哲各界专家学者一时之选。可以说把那时国内社会科学文、史、哲方面的著名专家学者都网罗在内了。

　　古籍整理出版规划小组成立不久，1958年4月，文化部又作出决定，规定中华书局是以整理出版古籍和现代文、史、哲著作为主要任务的专业出版社，并作为规划小组的办事机构。大约在7月间，果然从商务抽调一部分人去中华书局，我也在其中。此外还有郝光炎、章熊、陈金生、傅璇琮等，我就是这样到中华的。

　　当时我对古籍可谓一窍不通。我中学时代本来爱好文艺，曾办过文艺周刊，发表过一些散文和新诗，还发表过两篇小说，东北解放后则一直做宣传和秘书工作，主要写一些宣传时事和政策的文章。那么1958年半路改行时，为什么舍弃早年爱好，转而要去中华书局钻故纸堆而不继续搞文艺呢？这恐怕与解放后文艺界接连批萧军、批《武训传》、批《〈红楼梦〉研究》、批胡风有关，觉得搞文艺太危险，搞历史可能安稳些。谁也没有料想，"文化大革命"恰恰是从历史学科开刀，中华书局则首当其冲被砸烂。

　　中华书局也在东总布胡同十号大院，这个大院原是出版总署和人民出版社的旧址。前院是个比较好的四合院，由商务占了。中华书局在后院东侧的一个小四合院里。此外还有人民美术出版社在中院一栋小楼房,还有版本图书馆在中华的东北角。

当时,中华书局职工总共只有几十个人,总编辑兼总经理是金灿然。过去,我在中宣部时与他一起开过会,也算认识。他第一次找我谈话,从话中明显看出他对我还比较了解,我表示,过去一直在党的宣传部门工作,对古籍毫无所知,恐怕做不好。他笑着对我说:没有关系,干一段时间就懂得了。同时又向我介绍了中华书局的情况,并且要我协助他多做些工作。这时我发现他对我这个因所谓有"历史问题",并受了处分的人,没有半点歧视之意。结果,把我分配到近代史编辑组任副组长。同时他还问我,商务还有什么人能整理古籍,我极力向他推荐了赵守俨。我在高教出版社时,与赵守俨关系很好。赵是清末四川总督赵尔丰之孙,家学渊源很深,对中国古籍特别是唐史很有修养,是个非常有业务能力的编辑,为人也正直风趣。我们常一起谈家常,议社会,相处非常融洽。不久赵守俨果然被调到中华书局,稍后在古代史组任副组长。我与赵守俨深交三十余年,可谓友情深厚,无话不谈。当时,中华书局领导层还有副总编辑傅彬然,傅是著名民主人士,曾任开明书店副总编辑,是第一届全国政协代表和人大代表;副总经理兼党总支书记是刘子章。中华书局下设四个编辑组,即文学组、古代史组、近代史组、哲学组。

文学组长徐调孚,是一位很有名的老编辑,曾在商务印书馆编辑过《小说月报》,后来又在开明书店做编辑工作,与茅盾、郑振铎等人很熟。解放后参加共产党,他热情很高,外貌瘦小而很有精神。

古代史组长姚绍华,江苏人,之江大学毕业,后入中华当编辑,古代史基础比较好,著有《崔述年谱》。为人忠厚老实,后为图书馆馆长,90 岁后去世。副组长是赵守俨。

哲学组组长则由副总编辑傅彬然兼任,副组长是严建羽。

近代史编辑组虽不大,却是以中国近代史为专业的编辑组,这在中国出版界堪称首创,很值得在当代中国出版史上写上一笔。近代史组最早只有五人:组长是张静庐,他是出版界的老前辈,浙江宁波人,原在上海开设杂志公司,在上海出版界颇有点名气,与文化界关系较多,与上海地下党(出版界负责人)黄洛丰关系较好。出版总署成立后,由上海调出版总署任处长,1957 年到中华书局。此公对现代新闻出版历史了解较多,曾编过《近现代新闻出版资料》数册,史学界对此书有较好的评价。

我到近代史组以后和他相处较好。以下,副组长李侃;编辑有卢文迪,因为1957年被戴上右派帽子,当时生病未上班;还有一个老编辑叫江北平,是原上海《新闻报》记者;秘书是王季康。我到近代史组不久后,组里就陆续增加几位同志:段昌同,北京人,燕京大学研究院毕业,解放后在翦伯赞指导下编《中国近代史资料丛刊》,熟悉近代史料,后调中华书局,与我关系甚好,一生勤勤恳恳,忠厚待人;何炳然,温州人,中央大学毕业后为《光明日报》记者,活动能力较强,与史学界名人多有联系,到中华书局后专职组稿;还有刘德麟和赵仲兰,是1957年分别从复旦和南京大学毕业的大学生;1958年又从复旦大学分来何双生;从历史博物馆调来胡宜柔。近代史组人丁渐旺,初具规模。

四十年光阴过后,每当回想起在东总布十号那间简陋平房内和这些同志们度过的日子,便不胜感慨。

那时,近代史编辑组编辑业务很少。刘德麟、赵仲兰标点《光绪朝东华录》,张静庐编出版史料。我刚到中华,也无什么具体编辑业务可做。最初一年,主要是协助金灿然,写工作总结报告或工作计划之类的材料。我以前在东北局宣传部时,曾一直作部长李卓然的秘书,以后又任东北局宣传部办公室副主任,这种写工作报告和计划总结之类的工作,对我当然不算什么难事。金灿然对我的工作很满意。后来我慢慢得知,他与我一样也是当时在政治上不受信任的人。他在1957年反右派时,几乎被打成"右派",以后被当时文化部的一位主管领导认为是右倾,很受歧视。金是山东人,心直口快,性格开朗,但对中国历史很有修养,在延安时协助范文澜写《中国通史简编》。解放后曾一度在中宣部工作,后来在教育部负责文科类教科书的编纂。因此,他对历史界与出版界一些人都很熟悉。他坚持要中华的编辑努力钻研业务,我当时曾用"柯安"的笔名在报刊上写过几篇书评,他知道以后一再鼓励我多写,同时还叫我办一个内部小刊物《古籍整理出版演示文稿》,开始是油印的,后来改为铅印,扩大发行,学术界反映很好。

这个时期,金灿然提出要"开门办社",要求各编辑组积极组稿,并且亲自提供选题和组稿对象。他对学术动态也很关心,常常要各组谈谈自己业务方面的情况。他主张要把中华书局办成一个学术部门,而不要把自己单纯当成书商,所以,那时中华书局规模虽小,但学术气氛很浓,逐步熏陶培养出一些各领域的专家学者。如果说后来我在中国近代史研究领域小有收获,也是与书局这种浓厚的学术氛围分不开的。后来我在担任中华书局总编辑时，继续执行了这个办社思想。

二、"红十月人民公社"

1958年的"大跃进"，是在"左"的思想指导下，全国头脑发热，令人头晕目眩的一年。地处东总布胡同十号的中华书局，也免不掉这股"大跃进"热浪的冲击。大院改名叫："红十月人民公社"，演出了"大炼钢铁"的闹剧。

1958年秋季，全国展开了大炼钢铁运动。在"以钢为纲"、"元帅升帐"的口号下，中华书局自然不能例外，也要炼钢，怎么炼呢？不知是谁学来了办法，就是在院子里用土坯或耐火砖，砌成一个炉子或挖一个坑，用风箱吹风，把木柴烧旺，然后用废铁甚至锅铁，使其熔化，由于不断吹风，火焰极旺，有时铁果然熔化，流出铁水，这时就有人高呼："出钢了！""出钢了！"其实，过了不到一小时液体凝固了、冷却了，就成为灰褐色的硬块，也叫硫化铁，其实就是矿渣。我也参加了炼钢，为了夜间炼钢，还特地买了一件大棉袄。金灿然对炼钢，不参加，也不反对，有时站在一旁微笑。现在回想，其实应该是冷笑吧。十号大院中的四个单位，每个单位都在院子里炼钢，把院子弄得乱七八糟。结果是一点钢也未炼出来，出版工作却一时完全停顿了。

"大跃进"开始时，中华还没有什么动作，主要是读报纸、学文件、开会表态。不久就有人出主意，要展开发稿竞赛，各编辑组每月每周定出发稿的种数、字数指标，周末、月末有人统计公布，完成或超额完成者在统计表上插上小红旗，有时还敲锣打鼓，一时很是热闹。

正是在"大跃进"这种混乱中，《中国历史小丛书》诞生了。这套丛书是怎么出版的呢？记得在1958年秋季的一天下午，刚上班，金灿然就找我，让我和他一起去找吴晗。我问他去干什么，他说："一会儿就知道了，见面再说吧！"于是，我和金灿然就到六部口当时北京人民政府吴晗的办公室。这是我与吴晗初次见面，金灿然则与吴晗很熟，当时在坐的还有北京教师进修学院的院长陈哲文、教育局副局长胡朝芝。谈话中，我才知道，吴晗倡议，编一套通俗的历史读物《中国历史小丛书》，希望中华书局出版。小丛书还以吴晗为主编，组成一个编委会。编委由10余人组成，除吴晗、金灿然、陈哲文之外，还提了一些文史界名人，记得的有翁独健、滕净东、何家槐、马少波、潘絮兹、刘桂五等，张习孔负责日常事务，中华书局由我负责组织编辑出版，具体加工发稿工作，则由近代史编辑组何双生负责，胡宜柔也参加。吴晗对小丛书的工作抓得很紧，一般至少每月召开一次编委会，那时三年困难时期已经开始，编委会开会之机，还不时在四川饭店等餐馆"聚餐"，借以改善一下。吴晗要求小丛书每月至少出一本，还提倡编委写稿，他自告奋勇，带头写了一本《海瑞的故事》。在开始的半年内，小丛书一般每个月发稿一本。以后选题逐渐扩大，由历史事件、历史人物，扩展到专题史话，如《邮电史话》、《长城史话》、《故宫史话》等。到1962年12月，《中国历史小丛书》已出版了100种，为此，吴晗还主持召开了一个座谈会。我写过一篇《读历史小丛书》，在《人民日报》上发表。《小丛书》的影响日益扩大，据吴晗说，连贺龙同志也喜欢看。而中学教师更把它作为参考教材，甚至有些大学历史教师也用它作参考教材使用。

近代史组因为有《中国历史小丛书》，每月都能完成发稿计划，在评比中被评为"红旗单位"。我还出席了在人民大会堂召开的北京文化系统"群英会"。

此后，中华书局搬到了翠微路二号大院，并且新成立了"中国历史丛书编辑室"，由浦一之、王代文任正副主任。我也把小丛书工作移交给丛书编辑室。

创办《中国历史小丛书》，原来以为是为青少年学生做了一件好事，也得到社会人士的肯定，可是不料这却成为"文革"中一大罪状,因为吴晗的《海瑞的故事》受到姚文元的点名攻击,我作为小丛书的负责人和这本《海瑞的故事》的发稿人,自然不能幸免。何况我还写过两本小丛书,一本是《晏婴的故事》,另一本是《袁世凯》,前者更被批为恶毒攻击伟大领袖,是反党反社会主义的大毒草,直到"文革"结束以后才从档案里找出来还给我。"小丛书"使金灿然和我在"文革"中吃尽了苦头。

三、翠微路二号

中华书局在东总布胡同十号的办公室条件太差了,宿舍更是奇缺。金灿然写几次报告都未能解决,最后只得求齐燕铭帮助。齐要中华书局把办公室和宿舍情况写个报告给他,这时宋云彬、马非百、杨伯峻、傅振伦、马宗霍、陈乃乾等一些知名老学者都先后调进中华,充实编辑队伍;又调丁树奇、萧项平为副总编辑,丁原为上海《解放日报》副总编,后到中央党校新闻干部训练班为副主任;萧20年代入党,在第三国际工作,解放后曾任教育工会副主席。中华书局人数增加了,住房条件更困难了。经过多次报告交涉之后,终于在齐燕铭帮助下,1960年,文化部决定中华书局搬到西郊翠微路二号。

这里是个大院，据说以前曾是日本某机关的驻地，大院内树木成荫，有一排排日式平房。解放后先后为"北京农业大学"与"文化学院"旧址，大院内有办公楼、宿舍楼、食堂、幼儿园、大操场等，还有一个很大的果园。中华书局占主楼办公楼的东半部，商务印书馆占西半部，宿舍中华占西北楼，商务占西南楼，同时中华还占有一区的日式平房作宿舍。这样办公室、图书馆和职工宿舍条件都大为改善。我们近代史编辑组在主楼的二楼，房子很大，窗明几净。但张静庐的家仍住城内，平时不常来上班。搬家以后，金灿然喜好花木，又请人在大院中栽了不少花木。这里环境幽静、生活方便，大家都很满意。

我在大院里分到西北楼一套向阳的三居室，高大宽敞，赵守俨与我比邻而居，我们联系更紧密了。记得他每天骑一辆样子奇特的自行车上班，他说是光绪年间中国自己造的。全北京我只见过两辆这样的自行车。此时正是三年困难严重时期，为了解决吃菜问题，每户还在院内分了一小块地，我在西北楼门前也分得一小块，有六七平方米。围上栅栏，开出菜垄，种上玉米、白薯、青菜、番瓜、向日葵，收成不错，邻居都夸我种菜种得好。

中华书局自从1958年被指定为出版整理古籍及当代文

史哲著作的专业出版社,到迁至翠微路二号大院的最初几年,日子还比较好过。此时"大跃进"热潮已过,虽又接着"反右倾",但对书局触动不大,业务得以顺利开展。书局社一级领导中,除金灿然任总编辑兼总经理外,丁树奇、萧项平为副总编辑,梁涛然任副总经理。还有一位巩绍英,东北人,抗战初期入党,解放战争时期任辽西省教育厅长。解放后任人民教育出版社总编辑,耿直敢言,1955年反胡风时,公开讲"人民教育出版社,没有胡风分子",被毛泽东点名批评,后被撤职,调中华书局协助金灿然工作。

这时,编辑部已扩大有五个编辑组:除古代史组长赵守俨、近代史组长李侃、文学组长徐调孚外,哲学组长是严健羽,他是北大毕业,曾在北京大学担任讲师,此公读书较多,是个典型的知识分子;丛书组长是浦一之,1938年参加革命,解放后为文化学院出版系主任,1959年反"右倾"时被扣上"右倾机会主义帽子",调中华后仍怨气很大,不时发表议论;另外,出版部主任华昌泗,也是抗战时期的地下党员,对出版内行,为人正派;主管财务的是俞明岳,温州人,早年在上海交易所活动,为人机敏,后入股为中华书局大股东之一,喜交游,好京剧。此公虽为资本家,但直爽坦率,与同志相处甚洽。

编辑队伍也更加充实。1957年,北京大学中文系有几名研究生沈玉成、李思敬、褚斌杰等人,被打成所谓"右派",但业务能力很强。金灿然把他们调入中华,果然都成为中华的业务骨干。1964年,北大中文系古典文献专业第一批毕业生十二人充实到各编辑室,1965年又分来第二批,给中华书局这一老店注入了活力和朝气。

这时,中华书局的七年规划已制定出来,并且得以落实。从1958年开始,继《资治通鉴》、《续资治通鉴》标点本出版之后,又根据毛泽东的指示,开始标点"二十四史"的工作。此项工作工程浩大,任务艰巨。由齐燕铭、金灿然亲自抓,具体工作由萧项平、赵守俨负责,实际主要是赵守俨做具体组织工作。为了加强标点"二十四史"的工作,中宣部还下令,从全国各大专院校借调一批专家来中华书局,其中有南开大学的郑天挺,武汉大学的唐长孺,山东大学的王仲荦、卢振华,民族学院的傅乐焕,吉林大学的罗继祖,还有山西教师进修学院的王永兴等等,为了解决这些专家的生活,还在西北楼设了一个招待所,为专家们开设小灶食堂,另派专人照顾他们的生活。"二十四史"标点,主要由赵守俨组织安排。1962年搞了一次中华书局五十周年纪念,很多知名人士学者参加,郭沫若、齐燕铭都亲笔题诗祝贺。中华书局已闻名海内外。

1961年，张静庐退休回上海，我任近代史编辑组组长，卢文迪为副组长，钱炳寰为秘书。编辑除刘德麟、赵仲兰、何炳然、段昌同、胡宜柔、何双生外，又增加了戴文葆，他早年是"三联"的编辑，解放初原任人民出版社编辑室主任，后因所谓"历史问题"和"右派"被开除公职，是个很有水平的老编辑；还有一位临时编辑石继昌，是清初汉军石廷柱的后代，对清代笔记很有研究。1964年后，历史丛书组成立，何炳然、赵仲兰调到丛书组。又从人民大学、北京大学分来新毕业大学生陈铮、杨辉君、于世明。

1961年，我参加了纪念辛亥革命五十周年学术讨论会，发表了第一篇论文《鲁迅与辛亥革命》，是我作学术研究的开始。对我在业余时间搞研究，金灿然非常支持。因此至"文革"前，我在《历史研究》、《新建设》、《人民日报》、《光明日报》等报刊上发表了一些论文，在近代史学界小有影响。

那几年，近代史组出版的几部重点图书，也在学术界引起很好的反响。一部书是《文史资料选辑》。1959年，在政协全国委员会举行的茶话会上，周恩来总理希望60岁以上的委员都把自己的知识和经验留下来，于是政协文史资料委员会和《文史资料选辑》就在周恩来的号召下应运而生，并决定由中华书局出版。为什么交中华书局出版呢？主要原因，一是当时文史资料研究委员会的主任是范文澜同志，范老又是中国近代史研究所的所长。而中华书局总编辑金灿然在延安时就协助范老撰写《中国通史简编》，是范老得力助手。全国解放后，他们仍保持师生之谊，相交甚笃，而且灿然同志又是近代史研究所的学术委员。中华书局作为一个以整理出版古籍和文、史、哲学术著作为主要任务的出版社，与国内学术界特别是史学界有广泛的联系。《文史资料选辑》正属于近现代史范畴，交由中华书局出版，可谓顺理成章。二是当时国务院古籍整理出版规划小组的齐燕铭同志，既与全国政协有很深的历史渊源，又与金灿然关系密切，中华书局凡有重大问题，金灿然无不向齐燕铭请教商量，出版《文史资料》同样得到齐燕铭的同意和支持。就这样，金灿然把出版《文史资料》的任务交给我，并指定我同政协文史资料委员会办公室保持经常的业务联系。这项工作进展十分顺利，从1960年初到1966年"文化大革命"之前，中华书局已出版《文史资料选辑》50辑。

记得约在1965年，金灿然在一次小型会上，讲康生曾说，现在，中华书局出版了"两大奇书"，一种是《中国历史小丛书》，一种是《文史资料选辑》。当时的康生，在中央抓意识形态的工作,还不像后来那样专横霸道,谁也无法识破此人的丑恶嘴脸。而此人对古籍、文物又颇有研究,可谓很内行,人们习惯称他为"康老"。金灿然不时传达他有关的谈话。"文革"开始后,康生成了"文革小组"顾问,成了迫害狂,此人把他夸奖的"两大奇书"全不算了,反而对吴晗,对文化事业摧残迫害。经我手主持编辑出版的这"两大奇书",自然成了我的两大罪状。

我当时还组织了另一部比较重要的书《辛亥革命回忆录》。1961年,为了纪念辛亥革命50周年,全国文史资料研究委员会决定组织有关人士撰写《辛亥革命回忆录》,并建议由中华书局出版。此事主要由副秘书长兼文史资料研究委员会副主任杨东莼同志负责。他与金灿然商量后,就把此事交给我,并要我与政协直接联系。我负责组织、审稿和编辑加工,胡宜柔同志也参加。杨东莼同志很热心,也很认真,许多稿子都是他亲自出面组织的,如章士钊、梅兰芳、仇鳌、程潜等人的回忆。那时参加或经历过辛亥革命的老人还有不少人健在,写稿也很积极,但是,很多稿子还需要核对事实和做文字加工,工作量很大。结果出版了五册,150多万字。因为执笔者所写的回忆都是亲历所见、所闻,所以史料价值很高,在近代史学界引起很大反响。因为有些存稿,或未完成的稿件，后来又续编了两册。通过这次活动，我与政协文史资料研究委员会，特别是与申伯纯、杨东莼、阎宝航、米暂沉、姜克夫等同志的关系也更加密切了。可惜在"文革"结束以后，《辛亥革命回忆录》与《文史资料选辑》两书的版权，都不得不移交给文史资料出版社了，为此，我还曾与有关人士大吵了一通。记得《辛亥革命回忆录》中还有朱德同志和董必武同志写的诗词手迹，都是很珍贵的文物，手迹原件本来保存在中华书局，后来也上交给中央档案馆了。

还有一部《中国近代人物文集丛书》。1959年秋季，因为要出版《林则徐全集》，我向金灿然建议，应当从林则徐开始一直到孙中山，出一套《中国近代人物文集丛书》，金表示同意。林则徐全集过去只有《林文忠公政书》而无其他集子。中华书局从档案馆找到一本林则徐日记，准备从奏稿开始，编出二册，后来因日记、诗文材料不足，此书终未编成。不过《近代人物文集丛书》却问世了。第一本是《魏源集》，以后陆续出版了《刘光第集》、《严复集》、《谭嗣同全集》、《唐才常集》、《康有为政论集》、《章太炎政论集》、《黄兴集》、《宋教仁集》、《陶成章集》、《曹廷杰集》、《文廷式集》、《朱执信集》、《廖仲恺集》、《邵力子文集》等三十余种，在学术界颇得好评。

中华书局迁入翠微路二号的最初几年，虽然经济困难，但生活安定,各项业务得以开展,确实很值得怀念。不料好景不长,1962年北戴河会议之后,"左风"更烈,提出了"千万不要忘记阶级斗争"、"阶级斗争要年年讲,月月讲,天天讲"。紧接着,1963年全国又开始了农村"四清",政治形势日益紧张。中华书局也日渐萎缩,什么书也不敢出,怕"涉外",怕"帝王将相",大批书限定"内部发行",这种状态一直持续到1966年"文革"前夕。

1964年初,中宣部调我写中俄关系内部文稿,集中住在友谊宾馆,在黎澍主持下紧张工作了三个月,交上一篇《帕米尔问题》,约两万多字。回到中华已是秋季,不久,中华书局派出以丁树奇为领队的工作队到山西昔阳县去搞"四清",我也是其中一员。我们先后在昔阳和平定县城集训,与新闻电影制片厂的工作队编成一个分团,丁树奇任分团长,负责昔阳县城、区的"四清",我被分到距县城二里路的钟村,任工作队副队长。我于1947年在东北搞土改以后,很久未下乡了,开始住在一个农业试验厂里,不久就到农民家同吃同住。我本是农家子弟,和地方干部及农民感情融洽,相处甚好,我只管宣传教育,所谓揪"四不清"干部,一般都由当地干部去搞。队长是晋中地委副书记卜鸿云,是个水平较高的老干部,他老家就在昔阳县城的河东村。在昔阳"四清"时,我曾几次去大寨,大寨距钟村只有一里路。陈永贵已成全国著名劳模,但那时还比较朴实,不过很能讲话,一讲就是一个多小时,当时看看虎头山、狼窝掌、新窑洞、水平梯田,确实搞得不错。不过也听说大寨不好办,去不得,县里去了一次工作队,被赶出来了。我在钟村结交了几位农民朋友,后来春节时有的到北京探亲时还到过我家,即使我"文革"挨斗,亲朋好友唯恐躲避不及之时,还有一位老乡让他在北京当兵的儿子前来探望,劳动人民的感情真是真诚。1976年我又一次随出版局去参观学习大寨,还有几个相识的老村干部送我一些当地土产。

不过"四清"还没有搞完,我又急忙被抽调回北京,原来是让我主持《蒋介石言论集》的编辑工作。记得是1965年3月中旬,我忽然接到北京急电,要我立即回中华书局,"四清"工作团派车送我到阳泉,连夜上火车,20日回到北京,向金灿然报到。他告诉我,最近,毛泽东指示,要编一部蒋介石言论集。中宣部把这个任务交给中华书局,与人民出版社协作,还搭了一个班子,但没有主持人,让我回来负责这个工作。记得当时参加这项工作的有中华书局的胡宜柔、戴文葆、李松年,沈玉成也曾参加过一段。人民出版社有史枚、刘静、朱南铣,还有从近代史所借调的荣孟源。为编此书,中宣部还特地发通知给各省市和军队系统,凡有收藏《中央日报》及蒋介石言论材料的单位,一律由中华书局调用。当时调来的材料很多,从1927年到1949年的有关蒋介石言论材料,全部收集。历时半年,共编出10本,从第一卷到第四卷,印成样本,其余各集均未印,前四卷亦未发行。我在每卷前写一长篇序言或说明,共写了三篇,有一篇刊于《光明日报》的《内部资料》。到1966年"文革"爆发,《蒋介石言论集》的编辑工作也进行不下去了,当时好像既未接到通知,也未请示,此事就不了了之。《蒋介石言论集》的编辑工作一直保密,中华书局也知者很少。"文革"中大约有人知道是毛泽东指示搞的,故亦无人提起此事。现在回想,毛泽东为什么在1965年忽然提出要编辑蒋介石的言论,仍是不解之谜。

就在主持《蒋介石言论集》过程中,我还有过一次"公费旅游"。当年夏季,香港中华书局董事长吴叔同和香港商务印书馆董事长张子鸿,到内地参观,文化部作为统战工作叫中华书局妥为接待,吴、张除了要访问南京、上海、杭州之外,还要去游黄山。金灿然亲自陪同参加旅游,还把我也拉上一同去,我也利用这个机会做了一次难忘的黄山之游,先到南京,由南京到芜湖,在芜湖住了一天一夜,又坐小汽车到黄山,在黄山我们住在一个叫"岩音小筑"的别墅里。黄山真是秀美极了,我们游览了许多景点,还登上天都峰、始信峰。金灿然从杭州提前回京,我又陪吴、张游了千岛湖,并先后在杭州、上海访问。回到北京之后,继续进行《蒋集》的编辑工作,11月,老父病危,回沈阳奔丧,岂知一场史无前例的大浩劫已悄悄逼近。

四、"文化部干部集训班"和"牛棚"

我是在奔丧返京的列车广播中,听到姚文元《评新编历史剧"海瑞罢官"》这篇文章的。当即预感到来势凶猛,知道又要折腾整人了。因姚文元不但狠批了吴晗,还点了经我组织并发稿的小丛书《海瑞的故事》,自知难逃厄运。记得下火车后立即去见金灿然,彼此默然无语,末了他让我替他写一个检讨交上。

1966年3月上旬,批判所谓"三家村"的运动开始,中华书局业务全部停顿,《蒋集》也编不下去了。文化部在东总布胡同版本图书馆,搞了一个所谓写作小组,也调我参加,由文化部副部长石西民直接领导,去写什么批"三家村"的文章。此时我心乱如麻,等着挨整,因已有人私下告我,我写的东西已被审查。不久,写作组解散。5月中旬,通知我到社会主义学院"文化部干部训练班"集中"学习"。6月16日,我和俞筱尧到"干训班"报到，一看才知道，中华书局的几位同事丁树奇、萧项平、王春、浦一之早已被集中在这里了。

"干训班"位于社会主义学院，由军队领导。但不是文化部副部长萧望东南京军区那一拨，而是广州军区调来的。领导人是广东军区的一个中将，还有一个少将称李主任，是宁都起义时的老干部。社会主义学院的生活条件较好，每日宿舍卫生都有服务员服务，几乎每天可看电影（供批判用）。但大门有军队持枪站岗，学员不准随便出入，实际是"军事管制"，失去自由。这时，首都体育馆正在施工，工地上的高音喇叭一刻不停地喊"文革"口号，"干训班"学员们就在声嘶力竭的口号声中学习"五一六通知"，揭发"黑线"。参加集训的包括文化部旧的副部长、司局长和各单位的领导人，以及所谓"业务骨干"，都被当作"黑线人物"。冯雪峰也参加了集训。开始是各单位开小组会，后来就开跨部门的批斗会，在大会被批斗的有陈荒煤、王冶秋、汪洋、田汉等等。这时听说，还要把周扬也调到干训班来，可是始终未来。学员们怀着焦虑不安的心情，不知事态如何发展，每天三餐之后，就围着大楼绕圈子，一个个心事重重，谁也不说话。见面也只是点头招呼一下。有一天晚饭后，我在绕圈子路上忽然看见了齐燕铭，他当时被下放到济南市当副市长，此时也被弄来集中。我向他招手问候,他精神还可以,向我询问金灿然的情况,简单说了几句就各自走开了。

大约过了十多天,在一天晚饭后,突然有几辆大卡车开进院子,从车上跳下气势汹汹的一群人,把中央美术学院的一些画家教授,拉上汽车,戴上纸糊的帽子,车上贴着横七竖八的标语,这些人把所谓"黑帮分子"推上卡车,高喊口号,开车疯狂而去。从此,天天有单位来"集训班"揪人。服务员也不再为"黑帮分子"服务了。

到了8月上旬,管我们的部队干部通知我们,中华书局也要来叫你们回去"参加运动"。8月11日,丁树奇、萧项平、王春、李侃、浦一之、俞筱尧六人被二辆卡车押送回中华。此时的中华书局真可谓天翻地覆,大院内、办公楼里到处都是大标语、大字报,门口贴了一副对联:"庙小神灵大,池浅王八多",造反群众高呼口号,情绪激昂。我们一行先集中在小会议室,十几分钟后被勒令下楼;楼前的地上已摆好一排纸帽子和牌子,上面写着"黑帮分子×××"的名字。这时又有所谓"红卫兵"叫每人把高帽子带上,除了高帽子而外,每人脖子上还挂一块牌子,上写"黑帮分子×××"字样,头一个是金灿然,然后依次是丁、萧、王、李、浦、俞……戴上高帽子以后,又叫金灿然带头敲锣鼓,游街示众开始,"红卫兵"和革命群众高喊口号,兴高采烈。我们不知在大院子里游了多少圈,直到天色已晚,才被重新集中。

从此,我失去一切自由,白天接受批斗、劳动改造,晚上则被监禁在"牛棚"。"牛棚"先是设在幼儿园,后来就在办公楼一楼的一个大屋子里集中,地上铺上稻草,"黑帮"们集体住宿。造反派规定,"黑帮"不但工资扣发,而且吃饭只能窝头咸菜,抽烟只能是八分钱一盒的"经济烟"。"红卫兵"迫害人的手段真是千奇百怪,令人发指。我至今还记得,两位老编辑郝光炎和陈乃乾受的污辱。郝光炎早年当过张学良秘书,解放后给邓之诚当助手,后调中华书局,为人健谈,善书法。陈乃乾,版本目录学家,他编的《清代人物室名别号索引》很有影响,平时很少说话,与人极少往来,圆圆的脸上总是带着微笑。"文革"开始,"红卫兵"强迫这两位同志穿上女人旗袍,怀抱玩具娃娃,作妖气状,"红卫兵"拍手取乐。那时,大院中几乎每天都有人遭到毒打,大家成天提心吊胆,不知会轮到谁。

以后运动深入,大院里被揪出的人越来越多,不到200名职工的中华书局,最后被揪出的竟有近70人,再加上商务、印刷技术研究所被揪出的"黑帮"、"牛鬼蛇神"将近有200人。一年多后,"造反派"分裂为两派,互相忙于打派仗,无暇管我们,终于允许我们每周六回家,但不得出大院。我回到家里,就看儿子给我收集的各种小报,逐渐了解到外面已翻天覆地的混乱情况,原来的恶劣心情也变得坦然了。

我们这些人中,丁树奇、沈玉成为人心胸最宽阔,从不发愁,被关"牛棚",仍有说有笑。当时造反派拉起各种名目的战斗队,多用毛泽东诗词中词句为名,如"丛中笑"、"风雷"等等,丁树奇、沈玉成则给他们起名叫"嗡嗡叫"、"白骨精"战斗队。记得1967年的一天,在食堂开会斗金灿然,我与其他"黑帮"在台上陪斗。造反派一边一个架着金灿然,金灿然站立不稳,造反派叫他低头,他就东摇西晃,造反派高声喝问:"金灿然,你是什么人?!"金灿然则用山东口音拉着长声回答:"山东人!"我在台上抬头一看,禁不住笑了,一个造反派大叫:"李侃! 还笑!"还踢了我一脚。

以后形势愈发险恶,"军宣队"和"工宣队"先后进驻书局,实际上是"军管"了。并且开始了所谓"清理阶级队伍",我50年代在中宣部被整的所谓"历史问题",又被翻腾出来,重新又关进"牛棚"被专政,审问了多次,不把我打成反革命分子不甘心。这时期我情绪极为低落,连续严重失眠。赵守俨偷偷给我带的安眠药,不知为什么都存了起来。有天晚上我回到牛棚,难友沈玉成突然塞给我一包烟、一元钱、一斤粮票,一问才知,原来是我儿子偷偷请他带给我的。我的儿子那年仅 13 岁,不仅要支撑全家,还得照料患病的弟弟。儿子的心意令我泪流满面,终于鼓起勇气活下来。到了 1969 年夏季,给我作了"有严重历史问题,犯严重错误"两个"严重"的结论,但又说属人民内部矛盾,宣布将我"解放"。

这是我生平第一次受到如此严重的奇耻大辱。"文革"对中国人民和中国历史是一次"国耻",对我个人也是一次"人耻"。"文革"中,我失去自由,挨斗抄家,强迫劳动,家庭四分五裂。人与人的关系,实在奇怪,平时本来很熟又很好的同事、同志,运动一来,不但如同陌生路人,而且横眉怒目,完全是另一副面孔。

五、"向阳湖"与"十六连"

刚刚"解放"不久,就接到通知,中华书局全体人员都去湖北咸宁的文化部"五七"干校。当时的"革委会"叫我提前出发,押运行李。1969 年 9 月中旬的一天,我们先遣队几个人由广安门车站坐货车出发,足足五天五夜,才到达咸宁。路上蚊虫叮咬,不能睡觉。到咸宁是早晨,立即卸车。那年湖北大水,从火车站就可以上船,于是租了一艘轮船,在湖中行进,当时因长江分洪,成为一片汪洋,犹如大海,船行半日才到达一个叫大屋的小山村,停船靠岸,又抬船上的物品。山路又狭又陡,浑身是汗。当夜住在农民家里,第二天早晨就开始准备炉灶,在一个小坡上的空房子里暂住。过了两三天,中华和印刷技术研究所的一些干部陆续到来,也都住在农民家里。

咸宁为古"云梦泽",气候极热,最热时气温可达 45℃。夏天不论男女都穿短裤、赤足,上身男子赤膊,女子着背心,进城也是如此。刚到干校的第二天,来不及喘息,我们就到湖边山坡上去挖土,脱坯,修房子,夜以继日,紧张干了一个多月,终于盖起了二排红砖房,分成男女宿舍,中华书局的职工终于有了安身之处。

文化部咸宁"五七"干校有个好听的名字叫"向阳湖"。中华书局和印刷技术研究所编成一个连队,叫"十六连"。算起来,这已是中华第三次更名了。第一次改名是 1958 年,大跃进中被改为"红十月人民公社",这个公社包括中华书局、商务印书馆、人民美术出版社、版本图书馆四个单位,其实除大门口挂一块大木牌子而外,什么内容也没有,不到半年就烟消云散。第二次改名,是"文革"开始以后,造反派说中华书局是封建余毒,要砸烂、改名"人民文化出版社",但社会上不承认,也短命而终。第三次改名,就是在"五七"干校称为

"十六连"。这"十六连"维持了三年。

"十六连"也由军代表领导。按照当时的理论,建国后十七年整个文化领域是反革命修正主义黑线,中华书局则被定为必须砸烂的修正主义的黑窝子。因此,中华全体职工最初几乎全被赶下"干校",在咸宁那样的烈日高温下,不分男女老幼都得进行繁重的体力劳动。在"五七"干校整整三年,我学会了脱坯、瓦工、育秧、插秧、收割、脱粒,什么脏活、累活都干了。好在从小务农,青年时打过游击,有较好的体质,身体总算没有累垮。但一些老弱病残的同志就惨了。金灿然在"文革"前脑子因病动过两次手术,但在干校也得同马非百、宋云彬一块打扫厕所;俞明岳放鸭子;段昌同被分配在湖内看守东西和水牛;赵守俨出身名门,这时也干起了插秧、收割等又苦又累的农活,样子狼狈不堪。大约二年后,老弱病残才被送到丹江安置,或回北京。

在"五七"干校,除紧张繁重的劳动之外,还要不停地搞运动,从 1969 年冬季开始就搞所谓深挖"五一六",什么叫"五一六"?"四人帮"说是肖华等人搞的反革命秘密组织,我听过几次斗争会和准备会,始终不明白是怎么回事。"深挖"时,中华书局两派,一派把另一派的头头们都斗了,而且打得很凶,半夜刑讯,连哭带叫,连附近农民都看不过去了。完全是一种逼供信,搞了两年,结果一个"五一六"也未挖出来。

"向阳湖"青山绿水,风景优美。但谁也无法预料国家与个人的命运。紧张的劳动之余,我与赵守俨、杨伯峻、段昌同等几位好友常常在大堤上散步,回顾往事,议论时政,暗地里痛骂江青等人,都开始对这场史无前例的大浩劫厌恶已极。

干校生活最有趣的是钓鱼、摸鱼。湖里、水渠里的鱼很多,而秋天黑鱼更多,鳝鱼也不少,我几乎每天都钓,或干脆用一个搬罾去捞鱼,最多时能钓一斤多,最大超过半斤。钓到鱼就求人做熟或自己烤烤下酒,成了全干校有名的钓鱼迷。1970年,我被任命为副连长,负责抓生产,这一年收成比较好,到了深秋,水田收割完毕,有一天我从湖里回连部途中,见沿途大水渠中鱼儿不少,有同志建议抽水捉鱼。我立即动了心,当晚借来柴油机抽水,待渠内水快抽光时,我带领大家纷纷下渠捉鱼。此时天气已凉,水中更冷,但大家兴高采烈,为了抗寒,又弄来几瓶白酒,下河者可以喝酒暖身,干了一夜,捉了几十桶鱼。晚饭全连大吃鱼宴,皆大欢喜。

1971年"林彪事件"发生后,干校人心更加浮动,再也办不下去了。学员们想尽各种办法纷纷返回北京。12月,我也接到通知,让我回北京参加金灿然遗体告别。这样,我才结束了三年多的干校生活,回到北京。

我参加革命后，就一直给领导作秘书，接触的领导人可谓不少，而金灿然的学识水平和作风为人，是令我比较钦佩的人之一。我在他领导下八年，他对我是一直非常信任的，对所谓"大跃进"、"反右倾"、"学习毛主席语录"等运动的看法，对我并不隐瞒。我在"文革"中虽被大会斗小会斗，百般审问，让我揭发，但我始终没有给他写过一张大字报，没有写过一条揭发材料。以致后来中华的人说，李侃不愧是金灿然的狗头军师。与金灿然的遗体告别，我是很悲痛的，不禁泪流满面。

回北京后才知道，中华书局此时已迁到王府井大街36号原"文联"大楼，实际上被商务印书馆合并，仅缩编为商务的一个第二编辑室。此时仍是"四人帮"猖獗时期，出版界也不例外。中华商务"领导小组"，为首的是一位军代表，叫肖海，还有一个转业军人叫谢广仁，主管"政工"，皆不可一世。领导小组其他人也都是从外边调来的。我回来后开始没有给我分配工作，原来的房子早在"文革"时就已经被强占，我和儿子只得住在大楼五层一间办公室。当时，赵守俨等老友纷纷前来慰问。赵比我从干校早回北京三个月，名义上说要他参加校点"二十四史"，实际上当时的领导对他这种"旧人"很不信任。他和我谈了很多情况，不住摇头叹息。那时，我身上带有补发工资近 3000 多元,因实在不愿去见那些左派们的尊容,因此每天不去食堂,和儿子在外面各种饭馆吃饭。不久儿子返回兵团,我一个人生活。这种生活持续了大约有半年,才考虑分配我的工作,先是让我暂时标点《明史》,最后让我与赵守俨担任第二编辑室副主任,一再争取之下,又分配给我在东郊与人合住一个单元。生活总算安定下来。

说到住处,十分有趣。我从 1954 年调到北京后,已有过五次搬家经历,每住城西,每赶上政治运动,肯定倒霉,而住城东,情况则好一些。我最早先后住城西的西苑、大磨盘院和阜外大街的时候,正搞肃反,我被整了两年多,最后不仅被行政降了两级,还强加给"有历史问题"的结论,一直困扰了我三十多年;1958 年,我搬到城东的东堂子胡同,虽有"大跃进"和"反右倾"的折腾,本人并未受到冲击,过了几年太平日子;不料 1961 年又回城西,搬进翠微路二号,赶上了整个从宣称"以阶级斗争为纲"到"资产阶级就在党内"的年代,过着提心吊胆的日子,最后赶上"文化大革命",我被游街、批斗、抄家,又被关进"牛棚"三年,最后被发配到"五七"干校,又是三年多。所以我后来常对朋友说,我住北京是"宜东不宜西"。

从"干校"回来虽分配到工作,但在当时那种极"左"路线统治下,二编室除了整理"二十四史"外,没有什么业务。我多数时间在外组稿,1973年5月初,我去乌鲁木齐出席一次中俄关系讨论会,参观了天池、高昌、交河遗址,去了吐鲁番、火焰山等地,新疆真是地大物博的地方。又去了新疆大学、兰州大学、西北师范学院、西北大学。1974年6月间,我又去了一次哈尔滨。回到中华已是冬天,出版局的军代表和"左派"们正在出版系统大搞所谓"反复旧"和"儒法斗争",中华书局的军代表与"左派"们自然积极响应,也贴出不少大字报,令人厌恶。记得当时让我看《论语批注》的稿子,我以"不懂古籍"为由拒绝。不久,我和赵守俨都被免去了副主任职务,又靠边站了。

六、编写出版《中国近代史》

就在"反复旧"运动中我被撤职时,1975年,北师大的龚书铎、吉林大学的李时岳、山东师院的胡滨等商议编写一本《中国近代史》作为高校教材,希望中华书局出版,并要我也参加编写。经过考虑,我表示同意。因为一是高等院校还没有一本合适的中国近代史教材;二来也可以借此躲开中华那群专以整人为业的小人。初步确定后,同年秋季就在济南开会,讨论编写提纲。参加者除有我和龚书铎、李时岳、胡滨之外,还有民族学院的郭毅生,山东大学的陆景祺、李德征,山东师院的宋青蓝、李洪生等。大家要我先草拟一个《编写大纲》,我匆匆赶出。当时,所谓"评法批儒"已经开始,报纸、电台天天鼓动宣传,江青在学大寨会议上又大叫批宋江。我在《编写提纲》中大胆地对"儒法斗争"一字未提,也未提近代"三次革命高潮"。讨论时,大家对章节安排,均表示同意,但有的同志对不提"儒法斗争"表示担心,怕出书后受到批判。我则坚持,本书内容与"儒法"无关,根本没有必要提这个问题。散会之后,我与书铎、毅生还冒雨登了一次泰山。那时泰山还没有空中索道,龚书铎还感冒发烧,但我们三人不但登上泰山绝顶,还在山上住了一夜,第二天凌晨观看日出。

《中国近代史》的初稿起草顺利,至 1976 年暑假基本完成。我分担的前言、戊戌变法和洋务运动的一部分也写完了。于是决定在民族学院集体讨论修改,从这时开始,我就以参加编写此书为由,不再去中华书局上班,每日到民院参加讨论和修改。我也因此与龚书铎成了至交好友。这本《中国近代史》教材,我花费精力不少,每日动手修改,唐山地震时也未中断。借此把中国近代史重新温习了一遍,也深入思考了许多问题。

1976 年是国家多事之秋,中华书局也是运动不断。我因参加讨论修改《中国近代史》书稿,躲开了中华书局的"反击右倾翻案风"和"批邓运动"。周总理逝世后,4月5日,天安门爆发了"四五"运动,我怀着悲痛的心情赴天安门看诗词、挽联。几天后,中华书局还特地派人去民院调查我4月5日的活动。9月10日,在中央民院我主持教材讨论时,忽然听见走廊里有女人的哭叫声,随即听说毛泽东去世。这时电台的哀乐已开始,我只得宣布休会。

1976年9月18日,在天安门广场开毛泽东追悼大会。我深知,毛泽东逝世后,一个时代已经结束。眼看"四人帮"猖獗,形势未可预料。因恰好早已接到山河屯林业局通知,要开会讨论编写山河屯林业局史,我鼓动刘德麟一起参加,我与德麟共事近四十年,也是无话不谈的好友。于是追悼会一散我们就直接奔车站,坐火车到舒兰,然后夜间坐森林小火车去山河屯,住在林业局招待所。山河屯风景优美,时正是五花山季节,满山遍野,五光十色,有山有水,简直是个大公园。郁闷心情一扫而光。会议结束回哈尔滨,略休息几天,又与德麟去了札赉诺尔煤矿。札赉诺尔位于黑龙江东北,已近国界,另有一番风景。我们还去了一次呼伦贝尔池,当地人叫达来湖,呼伦贝尔池是草原大湖,碧波万顷。当地人对我们以鱼宴招待,湖边支起大锅,现捞现煮,鱼虾鲜美。

住了几天，还去了一次满洲里。返回哈尔滨，又受黑龙江社会科学院招待。10月1日，从哈尔滨出发到长春，在长春访问了吉林社会科学院、吉林大学、东北师范大学等单位。这时"两报一刊"发表文章，暗批"另一个走资派"。我和刘德麟猜想又要批谁，不得要领。当时满街仍是"文革"、"批邓"等标语，看不出什么变化，但预感要有大事发生。10月中旬赶回北京，到家已入夜，邻居小燕告我："江青被抓起来了！"我大吃一惊，不禁狂喜，顾不得疲劳，立刻找姜克夫核实。姜是我在东北局时的老同志，早年参加革命，交游甚广，消息灵通。到他家已快深夜，姜克夫就把抓"四人帮"的情况简要说了一遍。此时那种大喜过望的心情，真有点像抗日战争胜利时一样，因为"文革"之祸太惨烈了。

"四人帮"垮台了，《中国近代史》的初稿也修改完成了。这本《中国近代史》，1977年出版，初版就印了10万册。当时有不少社会科学方面的书和高校教材，因为有"评法批儒"的内容，不能出版。我们的《中国近代史》却无这方面的问题。到1997年已出第四版，累计印了100多万册，并两次得到国家优秀教材奖。现仍每年重印，成为中华书局重点图书之一。

七、《孙中山全集》、《中华民国史》和《文史知识》

十一届三中全会召开后，无论国家、中华书局，还是我个人，情况都发生了翻天覆地的变化。此前，1978 年 3 月，中华书局与商务印书馆分离，恢复独立建制，军代表撤离。我先后任近代史编辑室主任、中华书局副总编辑、总编辑，困扰我近三十年的所谓"历史问题"，也得到中宣部彻底纠正。

从我 1979 年担任副总编辑，主持编辑部工作，到 1982 年被正式任命为中华书局总编辑，前后主持中华书局 12 年，时间不可谓不长。在这期间，我仍坚持了金灿然的办社思路，即尽力想把中华书局办成一个学术气氛较浓厚的出版单位，中华书局的编辑应成为各方面的专家，而不仅仅是书商。因此，我鼓励中华的编辑们在业余时间作学术研究，并参与学术活动。因为这既可更好地联系学术界的专家学者，发现和争取到好的选题，也可提高中华书局在学术界、出版界的地位。实际上，中华书局的编辑不少已是各方面的专家，在国内外学术界享有一定的影响。

我个人也比较多地参与了史学界的学术活动。1980 年，中国史学会召开第二次代表大会，我被选为理事，并被任命为副秘书长。从第三次代表大会开始任秘书长，以后又连任几届副会长。作为史学界的一员,我曾多次参加国内和国际重要的学术讨论会。1985年作为中国史学界代表团的成员之一,参加了在德国斯图加特举行的第16届世界历史学家大会;1991年,出席了在夏威夷召开的由中国、日本、中国台北等学者参加的纪念辛亥革命80周年学术讨论会,等等。这些学术活动,虽然都是以我个人名义参加的,但都与中华书局深厚的学术特点分不开,没有中华书局,也不会有我跻身于历史学界的条件。

当然,如今在市场经济条件下,办社条件已与过去不可同日而语,我过去的那套办社思想和实践,许多现在已经行不通。但是,在国内出版业竞争十分残酷激烈的情况下,中华书局这个90年的老店,如何保持自己的特色,不断加强在学术界的地位,继续得到专家学者们的尊重,在国内外保持书局的影响,仍是一个值得研究的重要问题。

在我主持中华期间,各方面头绪很多,成天忙忙碌碌,值得一提的是几本书的出版。

一、《孙中山全集》 我早在策划《中国近代人物文集丛书》时,就有心出一部《孙中山全集》。大约1976年,我与广东历史所张磊先生商谈此事,并请他们协同中山大学历史系、中国近代史研究所三单位合作。商定后,我写了一个请示报告给中宣部。当时的中宣部长是张平化,他对报告批示:"此事可缓。"张磊很失落。我说,批示缓办,到时候他要你快出版,就来不及了,不如先编起来再说。中山大学与广东社会科学院果然开始了编《孙中山全集》的工作。此书共12卷,于1987年出完,比台湾的《国父全书》完整齐备,深受学术界好评。由于单独出全集,故未标《近代人物文集丛书》名称。《孙中山全集》引起国内外特别是台湾学术界的重视,曾获全国优秀图书一等奖。

二、《中华民国史》 大约1979年,近代史研究所经过多年准备,在李新领导下组成"中华民国史研究室",建立了国内第一家研究民国史的专门机构。研究室成立之初,李新多次找到我,我们交谈多次。初步决定,民国史是新学科,应从资料入手,先编《中华民国史大事记》、《民国人物传稿》和《民国参考资料》三种资料。为征求意见,先印十六开本。李新为编民国史用了很多心思,几乎每周必来书局与我交换意见,每章写出初稿,就开会征求意见,把人民大学、经济研究所的有关专家都动员起来,然后再逐章进行修改。李新、姜克夫等人都是我的老友,因此,对他们的民国史我大力支持,也花费了一些精力。《民国人物传稿》中,我还写了一篇《阎宝航传》。尚明轩写的《孙中山传》,开始是一篇打印稿,李新认为不行，请我修改，我作了较大改动，后来由北京出版社出版了。于是，我成了新中国第一本《孙中山传》作者之一，此事作者在会议上也公开讲过。

1980年在南京召开"中华民国史国际学术讨论会"，会后《中华民国史》第一卷开始发稿，第一卷实际上是辛亥革命史，在政治、经济方面下了很多功夫，相当充实。此书一出版，即产生影响，得到日本特别是台湾学者的重视。但从第二卷开始进度放慢。我在南京召开的民国史讨论会上建议李新，先编一本《民国简史》，他不同意，坚持要出多卷本，《简史》想等多卷本出齐再说。不料我的这个建议，却引起南京大学张殿文教授的重视，他主编了一本《中华民国简史》，由河南人民出版社出版了，还来信要我写书评，我对此书作了较好的评价，发表于香港《大公报》上。结果，现在《中华民国史》仍未写完，南京大学则在民国史研究方面日见活跃，成了国内民国史的研究中心。

三、《文史知识》 中华书局是出版古籍的专业出版社，这一性质决定了所出图书大多因文字艰深，即使加上标点，一般读者也不易理解。当时，中华书局已有一种大型的综合性学术刊物《文史》，但这个刊物专门性很强，篇幅很长，不容易为初学者理解和接受。为了使我国优秀传统文化为更多读者所了解和继承,也是我从早年办《历史小丛书》得到的启发,我很久以来就想另办一个知识性和学术性兼而有之的刊物。因此我主持书局编辑部以后,大约在1980年底,就把办刊物的想法对当时总编室主任杨牧之同志讲了,他表示完全赞同,并表示愿具体负责。我又从文学编辑室借来黄克同志,此事很快就定下来。1981年1月,《文史知识》正式创刊,开始时是双月刊,一年后改为月刊。创刊当时,十分艰苦,连办公桌也没有,只得在五楼集体宿舍挤出一间屋子作为办公室。不久,编辑部又调来余喆、华晓林同志。为了保证刊物的内容质量和有较好的风格品位,还提出要请大专家写小文章,由于编辑部同志们的努力,得到学术界的支持,国内许多专家学者都热情为《文史知识》写稿。创刊后不久,又组成包括社外中青年学者在内的编委会,定期开会,讨论研究如何加强和改进刊物的编辑、发行。

《文史知识》一出世,就受到文化界、学术界的欢迎和好评。读者面不断扩大,印数不断上升,最多时曾发行近27万册,至1997年已出200期。牧之和黄克同志不但很会编刊物,也很善于做宣传和推广工作,在报纸上做广告,而且还通过电视、广播等媒介进行宣传报导。有时《文史知识》还与有关文化单位合作,共同举办一些社会文化活动,如春节时组织春联评奖等，在社会上产生很好的影响。

八、记中华几位已故编辑

中华书局规模虽然很小，但是因为成立较早，在出版界地位较重。中华的老编辑不少是在文化界乃至社会上颇有影响的人物，如今大多已经故去。这些人物，各有所长，各有特点，他们的音容笑貌，至今还不时浮现于脑际。现就记忆所及，写对几个人物的印象：

宋云彬　浙江人，全国政协委员。早年曾在黄埔军校编过《黄埔半月刊》，后来成为文化人。解放后曾任民盟浙江主委、浙江省副省长、省文联主席。1957年被错划为右派。1960年，从浙江调中华书局，参加整理"二十四史"的工作。此公颇有风度，平时总是衣冠楚楚，笑容可掬。三年困难期间，他总是红光满面，并带些酒气。他住在翠微路二号院一区内一栋日本式平房里，与傅彬然、金灿然为邻居。"文革"内乱中被批斗抄家多次，有一次他也被派去参加农村秋收劳动，当地的青少年都误认为他是刘少奇。1969年他也一度被派去"五七"干校，在干校与金灿然、马非百等打扫厕所，但只劳动了半年，就因年老体弱被送回北京了。

杨伯峻　湖南人，原为北大教授，著名语言学家。1957

年被错划"右派"。他的《论语译注》、《孟子译注》水平很高，受到学术界的好评，也是中华书局的畅销书。"文革"中他也被关进牛棚，和我成了"难友"。后来他去"五七"干校，我和他还有赵守俨常在一起聊天散步。经过"文革"磨难后，他的身体完全垮了。他逝世时，我参加遗体告别，对这位有学问的老先生，我是很尊敬的，至今还留有深刻的印象。

王仲闻　王国维长子。原在邮局工作，对古籍特别是宋词和词学造诣很深。1961年调中华书局文学组，平时很少讲话，不与人交往，因此除文学组外，中华的很多人还不认识他。但这样一个老实人，不知为什么也在1957年被戴上"右派"帽子。尤其令人奇怪的是，"文革"一开始，他也被打成"牛鬼蛇神"，但他却从此不来中华上班，不知哪里去了。因他没有结过婚，一直独身，故谁也不知他的下落，我曾向许多人打听，但直到1991年我辞退中华书局领导职务，也不知道他的下落。

卢文迪　浙江人，解放前为中华书局《新中华》杂志主编，民进中央委员。1957年被打成"右派"，后调中华书局做近代史组编辑，1961年摘帽后，任副组长。"文革"时被揪斗，关入"牛棚"，与我成为难友。他患有胃病和严重神经衰弱，每夜服用大量安眠药，有时昏睡不起。此公自尊心很强，是位颇有个性的文化人。平日很少说话,与文化界联系不少。"文革"后,因患肺癌去世。

沈玉成　江苏人,1956 年北大中文系毕业,是林庚的研究生。此人聪明有才华,1957 年被划为"右派",1960 年调中华书局文学组,编辑业务、文字水平都很好,为人也好说好笑。"文革"中虽饱受凌辱,但依然开朗乐观。那时造反派强迫"黑帮"唱所谓《牛鬼蛇神嚎歌》,我们谁也不愿张嘴,但他却面无愧色,高声领唱。在强迫劳动中,他和丁树奇时时说些政治笑话,讽刺造反派。下"五七"干校他也是"先遣队"之一,经常与我聊天,很谈得来。回中华后工作不久,就调到中国社会科学院文学研究所。以后很少见面,在病中听说他突发脑溢血去世了。我至今不忘当年他替我儿子偷偷转交给我的一元钱、一斤粮票和一包烟。他是个才子型的人物,一个"右派"断送了他的一生,可谓英年早逝。他和大家的关系都非常好,金灿然十分欣赏和器重他,如不是"左"的路线,他肯定是很有成就的人。

陈乃乾　上海人,版本目录学家。过去在上海开过旧书店,对古籍版本、目录很有造诣,他有个特点不但卖书而且读书,不但对版本很内行,对书的内容也很了解。金灿然对他很重视,他编的《清代碑传文通检》、《清人室名别号索引》都是很有用的工具书。他还编过一本《谭嗣同年谱》，校对过《三国志》。平时很少说话，与人极少往来。经常面带微笑，不断点头。"文革"初期，他和郝光炎一起被侮辱迫害。

段昌同　北京人，燕京大学毕业，后入清华研究院。抗战期间就读于西南联大。建国后，在北大随翦伯赞编《中国近代史资料丛刊》，对近代史资料很熟，为人正派厚道。1959年，由翦伯赞向金灿然推荐，调到中华书局近代史组。我们曾一同去昔阳"四清"。"文革"期间家中被抄，街道对他进行管制。后与我同去"五七"干校，他被分配在湖内看守东西和水牛。每日总是笑容满面，和蔼可亲。从干校回北京后，在中华上班一段时间，1976年夏季的一天，心脏病突发，被送到积水潭医院，两天后即在医院中逝世。

严建羽　河北乐亭人，北京大学毕业后曾在中法大学教书。建国后，在财经出版社任编辑，有一定的理论水平和工作能力，一口乐台（lǎo tǎnr）腔，说话好长篇大论，后任哲学组长。"文革"中被诬为"地主分子"（其实只是地主家庭成份，本人仍是知识分子学生出身）。他原来是学经济的，早年写过一些财经方面的文章，但对古代哲学却是外行。由于长期患心脏病，从"五七"干校回来后不到三年就逝世了。他是一个颇有些特色的知识分子，对老中华来说他是个"外来户",但比较活跃有朝气,每日打太极拳,长年不辍。在"五七"干校上工时,带头唱《大刀向鬼子的头上砍去》、《渔光曲》等,那姿态现在我还记得很清楚。

李赓序　河北人,他原来是教育出版社编辑,1957年被错划为右派。1962年由山西调入中华书局丛书组。在"文革"时亦被打入牛棚。我与他相处很好,平时常常交谈,颇为合拍。他对我亦深表同情,并时时安慰我。不久也到"五七"干校。平时沉默寡言,但思想相当活跃,也比较自负。回北京后,被任命为丛书编辑室副主任,工作很努力。1980年患白血病逝世。

（《我与中华书局》,中华书局,2002）

李侃与中华书局几部书的编辑出版

陈　铮

从 1958 年起,上级确定中华书局以整理出版中国古籍为主要任务,然其内部设立有近代史编辑室(组)。这个室几十年来出版了众多上自清代下至民国时期的史料和研究著作图书。李侃同志长期主持或分管这个部门,作了大量工作,有重要的贡献。现仅就李侃同志与几部近代史书的编辑出版情况回忆如下。

一、中华版《文史资料选辑》和《辛亥革命回忆录》

1959 年,迎来中华人民共和国成立十周年之际,周恩来总理向广大民主人士发出倡议,希望大家来写回忆录,把自己在民国时期的亲身经历、见闻和体验写出来,留给今人,以供了解和研究那段历史。这是一个具有重要政治、思想和文化意义的倡议。周总理的号召得到广大爱国民主人士的热情回应,积极撰稿。全国政协成立了文史资料委员会,组织领导编辑工作,并决定由中华书局出版《文史资料选辑》。中华书局近代史组(室)承担编辑工作。主持编辑组工作的李侃同志对此十分重视,安排专门编辑审读、加工来稿,并与全国政协文史资料委员会保持联系。经过作者、编者和编辑的紧密合作和努力,中国人民政治协商会议全国委员会文史资料委员会编的《文史资料选辑》创刊,第1辑于1960年1月面世,紧接着,当年连续出版到第10辑;1961年出到第21辑;1962年出到第32辑;1963年出到第41辑;1964年出到第51辑;1965年出到第55辑。《文史资料选辑》编辑出版速度之快在中华书局是少见的。回忆文章的撰稿人都是民国时期,特别是国民党政府时期党政军要员以及文化界知名人士。他们的亲身经历和见闻,内容涉及政治、军事、财经、文化等各个方面,许多是不为人知的秘密和内幕,具有较高的参考利用价值,深受各界人士的欢迎和热购。当时该书是限范围内部发行,但每辑都刚刚出版就立即重印、再印。

从1965年开始,中华书局已经感受到文化出版战线形势变化的压力,到1966年"文化大革命"开始后,中华书局出版业务全面停止,《文史资料选辑》也中止出版。"文化大革命"中,中华书局与商务印书馆被合并为一个机构,近代史编辑组

（室）被撤销。"文革"结束后，经过拨乱反正，改革开放初期，李侃同志在协助恢复中华书局独立建制、重组近代史编辑室时，就对恢复《文史资料选辑》出版作了安排。在全国政协文史资料委员会的支持配合下，中断十三年的《文史资料选辑》于 1978 年恢复出版第 56、57 辑，1979 年共推出九辑，到 1980年出版到第 72 辑，满足"文革"过去后读者的渴求。

正当《文史资料选辑》出版走上正常轨道之际，全国政协新建的中国文史出版社负责人董一博同志登门与李侃同志协商，以新建社缺少畅销书为由，希望中华书局把《文史资料选辑》等转让给该社出版。该书本是全国政协文史资料委员会编，经过几次磋商后，李侃同志最终答应转让，以示支持，中华版《文史资料选辑》就出到第 72 辑，已出书的纸型也都转到中国文史出版社。我们知道，由于历史原因，加上十多年停滞，有大量文稿尚未选辑，这是一个丰富的稿源。此后由中国文史出版社继续出版。这是后话。我们注意到，在周总理倡议和全国政协文史资料委员会编《文史资料选辑》率先出版的推动下，全国许多省市自治区政协也纷纷成立文史资料委员会，编辑出版该地区的《文史资料选辑》，把回忆录撰写和出版推向繁荣。

从 1961 年起，中华书局近代史组还陆续出版了全国政协文史资料委员会编的《辛亥革命回忆录》，该书是 1961 年为纪念辛亥革命五十周年而编辑出版的。当时,许多辛亥革命老人还健在,他们响应全国政协的号召,把自己参加辛亥革命的亲身经历和见闻写成回忆文章,编辑成《辛亥革命回忆录》出版,从 1961 年到 1963 年,先后出版六集。第一集为回忆全国性的辛亥革命运动,其他各集则为地区革命情况。无产阶级革命家董必武、朱德同志都曾参加过辛亥革命运动,他们也为该书题诗题词,回忆和阐述辛亥革命的情况。该书是辛亥革命史研究的珍贵资料。1980 年,李侃同志经与董一博同志磋商后,也同意将此书与《文史资料选辑》一并转由中国文史出版社继续出版。

二、《中华民国史》及《民国人物传》等

在历史的长河中,中华民国是中华人民共和国的昨天,老一辈无产阶级革命家很重视民国史的研究,许多史学工作者也蕴藏着极大的研究民国史的积极性。由于种种原因,从共和国成立到 70 年代初的二十多年里,我国史学界对中华民国史基本没有进行系统研究,有分量的研究著作和资料整理出版几乎是空白。1972 年夏,中国科学院近代史研究所关于编写《中华民国史》的报告获得批准,计划编写一部多卷本的《中华民国史》。与之配套,计划编写《民国大事记》、《民国史资料

丛稿》和《民国人物传》，并为最终编写《民国人物志》作准备。近代史所成立了中华民国史组，从所内外调集了一批老中青研究者展开工作。这在当时是研究者们难得的机遇。

1972年岁终，李侃同志刚从湖北咸宁文化部"五七"干校调回北京中华书局，而此前在"五七"干校的人员不算中华书局和商务印书馆的人。他素与近代史所领导，特别是主持民国史编写工作的李新等同志关系甚密，回京后又接上关系。李侃同志领导中华书局近代史组（室）与近代史所有过长期合作的历史，出版《近代史资料》等都曾是合作的项目。1973年初，经李侃同志联系，中华书局接受出版《中华民国史》的任务，从此双方领导之间建立了更加密切的合作关系。记得大约是这年二三月份，李侃同志带着我去东厂胡同一号近代史所老平房会议室，参加民国史组全体会议，会议由李新同志主持。会上李侃同志说，以后由我为民国史出版事宜的联系人，与民国史组的联系人朱信泉同志具体联系。《中华民国史》编写拟分三编，共十五册，约六百余万字，1981年出版首册，到90年代已出十册。《民国人物传》共已出版十二卷，传主一千余人。《民国大事记》先分年分册出版征求意见稿，1905—1949年已经出齐。《民国史资料丛稿》已出版中外文资料数十种，为民国史研究和撰写提供了许多重要史料。

对于出版《中华民国史》及其资料,台湾史学者吴相湘撰文认为"大陆积极编辑《中华民国史》的消息"对台湾当局是一种"挑战"。回顾三十多年来,启动民国史编写的主要组织者和一些专家学者李新、孙思白、李宗一、彭明、姜克夫和夏良才等已经辞世。中华书局主管民国史出版工作的李侃同志也已故去。回想70年代初提出庞大的编写民国史计划,不仅是开拓性的工作,而且表现出学者和出版者的胆识。这在极"左"思想膨胀的年代,无论对编写者还是出版者都有不小的压力。头几年,有许多编辑好的资料无法公开出版,只好印成白皮书,内部自办发行,人物传等出版都标出"丛稿",而不敢称正式成果。有些好心人对《中华民国史》书名也存有疑虑,设想过套用《拿破仑帝国兴亡史》,称《中华民国兴亡史》比较稳当。好在随着政治形势的变迁,这一切顾虑和限制都已消去。1981年辛亥革命七十周年时,《中华民国史》第一册正式面世,受到国内外学者的好评。可喜的是,从那时起,国内民国史研究日趋活跃,相关著作和资料相继推出,研究队伍不断壮大,研究已推向深入。

三、《顾维钧回忆录》

顾维钧(1888—1985)是我国现代职业外交家,最先在袁世凯政府中工作,后历任北洋政府驻墨西哥、美国、古巴、英国公使;1919 年和 1921 年作为中国代表团成员参加巴黎和会和华盛顿会议。后任外交总长、财政总长、代理国务总理。1931 年"九一八"事变后,参加国际联盟李顿调查团。后历任国民党政府外交部长及驻法、英、美大使,驻国联及联合国代表。1950 年起任职海牙国际法庭,至退休。顾氏近五十年的外交生涯,经历了中国现代外交的重大事件,是中国现代外交历史的见证人。顾先生退休后,应其母校哥伦比亚大学之约,口述历史。整理后的口述英文记录稿多达 1.5 万页,记录着重要的外交史事。

1980 年,中国社科院近代史研究所通过渠道,用外汇购回全套顾维钧口述历史英文打字稿的缩微胶卷。刘大年所长邀请回上海探亲的顾先生女公子顾菊珍女士来京,磋商翻译出版事宜。顾女士对此表示很高兴,并认为她父亲也会高兴的。次年,外交部贺其治同志专访顾先生,回国后向刘大年同志转达了顾老先生和顾菊珍女士对国内准备出版全部回忆录一再表示高兴,并提出出版回忆录的几点建议。这是顾先生的夙愿。他在当年口述历史英文原稿"附言"中就表示:"由于我致力于中国的对外关系,如果我的回忆录能被译成中文,我将不胜欣慰和感激。"于是,刘大年同志与李侃同志等商定，委托以袁东衣同志为首的天津市政协编译委员会翻译。当时顾先生还有台湾"立法委员"的名义，为尊重顾先生的意见，1982年7月30日刘大年同志致顾菊珍女士信中告以，回忆录决定由中国社会科学院近代史研究所署名编译，归学术界卓有信誉的中华书局出版。天津政协方面组织了实力雄厚的翻译队伍，翻译工作全面展开。

从1983年至1994年，全书十三册出齐，共六百余万字，为了解和研究中国近代史，特别是外交史提供了一部珍贵的资料。台湾等地书商曾有过翻译该回忆录的想法，由于财力和人力不足而放弃。该书出版时，台湾方面曾转载了部分章节，给予肯定。顾先生生前只看到前三册的《顾维钧回忆录》（简称《回忆录》）的中译本。据顾菊珍女士告知，顾先生看到后很高兴。遗憾的是顾先生未能见到全书。1994年《回忆录》出齐后，顾菊珍女士携女公子钱英英博士从美国来北京和天津，向近代史所所长刘大年先生、中华书局李侃先生、天津编译中心袁东衣先生等表示祝贺和感谢。《回忆录》的顺利翻译出版，与顾菊珍女士的鼎力支持和具体帮助分不开。十几年的翻译出版过程，她多次来京，与刘大年、李侃、袁东衣等同志会晤，磋商有关事宜，使翻译工作顺利进行。《回忆录》的出版也使越来越多的人了解顾维钧先生，也引起一些年轻人研究他和中国现代外交史的兴趣。诚如1992年12月《回忆录》译者天津编译中心在《后记》中所说："本书的翻译和出版,还得到李侃先生的大力协助。"

四、《中国近代史》教材

"文化大革命"中,高校中国近代史课的教材遭到批判全盘否定。以至于有的高校历史系不得已而以讲中国人民反帝斗争史,或亚非拉革命运动史,代替中国近代史课的内容。中国近代史的一些基本问题的是非被颠倒,没有一种适合高校正常教学使用的中国近代史教材。1975年,邓小平同志复出主持中央工作,抓紧各方面的整顿工作。这给广大高校教师以极大鼓舞。上半年,李侃同志与北师大龚书铎、东北师大李时岳同志到哈尔滨参加研讨苏联学者编著的《中国近代史》会议,经过交换意见,他们便产生了联络几位高校教师,自编一本适合于高校文科使用的中国近代史教科书,以应教学需要的共识。会后联络到北京师大、中央民族学院、山东大学、山东师院历史系以及中华书局,合作编写《中国近代史》,李侃同志承诺由中华书局出版。同年9月,参与编写者即集中济南,讨论编写大纲,落实分工,编写工作启动。李侃同志不仅是编写这本教材的倡议者之一,也是教材的撰写者和组织者之一。

　　1976年4月26日至5月20日，合编《中国近代史》在中央民族学院举行初稿讨论会。会议决定作者署名"中国近代史编写组"，出版注明参加编写的四个院校，不出现个人名字。会议决定各编写单位推出一人组成修改组，负责全书的修改定稿。李侃同志也是主要的修改者之一。书稿修改定稿过程，克服了"批邓、反击右倾翻案风"、"评法批儒"、唐山大地震人祸天灾的干扰，经历了毛泽东主席逝世的悲痛，最终迎来粉碎"四人帮"的胜利喜悦。《中国近代史》一书终于在1977年由中华书局出版。该书对中国近代史基本问题的叙述比较系统、全面、平稳，注意到尽量避免把"文化大革命"中盛行的"儒法斗争"等观点写进教材，全书字数也适合教学使用。不久，高校恢复招生，此书被一些高校文科所选用。1978年，被教育部推荐为"高等学校文科教材"。1979年5月，出版修订本。到1982年，中华书局印行30万册。解放军战士出版社加印30万册，作为全军干部内部学习材料。1983年出版第三版，1988年被评为国家教委优秀教材二等奖。到1992年印数累计达110余万册。第四版于1994年出版，1995年被评为"第三届国家教委优秀教材一等奖"，至今仍连年重印发行。李侃同志作为中华书局的代表，与合作者同心协力，为《中国近代史》教材的编写和出版付出了辛勤劳动。

五、《蒋介石言论集》(未刊稿)

毛泽东主席一向重视利用反面教材教育人们,以提高鉴别假恶丑和真善美的能力,以坚持马克思主义。鉴于 20 世纪 60 年代国际国内形势,中央有关部门安排人民出版社出版国际共产主义运动中修正主义者赫鲁晓夫言论选辑,作为反面教材。1964 年末 1965 年初,作为"中央交办"的任务,中央宣传部门安排中华书局出版《蒋介石言论集》,作为最大反动派的反面教材。当年由中华书局和人民出版社抽出一批编辑,成立"蒋集组",开展资料搜集和编辑工作。参加编辑工作的主要有:人民出版社的朱南铣、史枚和周静同志,中华书局的戴文葆、胡宜柔、谢方和陈铮同志,中科院近代史所的荣孟源同志作为顾问,人民出版社的陆世澄、中华书局的李松年同志也参加一段时间的搜集资料工作。1965 年 6 月前,该组在朝内大街人民出版社办公,由人民社总编辑王子野和副总编辑范用同志领导,薛德震同志任组长。约 5 月份,组织上从山西昔阳"四清"第一线调回李侃同志,接任"蒋集组"组长,负责编辑工作。6 月,"蒋集组"迁到翠微路中华书局办公,由中华书局总编辑金灿然同志领导。我作为见习编辑,主要的任务是根据老编辑提出的线索和要求,向北京各专业和机关内部图书馆、资料室借用有关图书、期刊和报纸,以供查找蒋介石的言论资料。

记得李侃同志刚接任组长工作,曾让我查阅毛泽东主席关于蒋介石的论说。当我把四卷《毛泽东选集》上摘录的论蒋介石的一摞卡片送给李侃同志看后,他说这是很重要的。陈伯达的《人民公敌蒋介石》一书引用了一句蒋的话。可是"蒋集组"在已经占有的资料中,查无此话。李侃同志便让我拟一个情况报告稿,经他阅改后上报有关部门。编辑工作进行到1966年4月,已经收集到1965年12月以前的蒋介石言论资料约一千二百万字,拟编四十册,前四册已经编成"送审样稿",其余已经排校,前二十册已付型,等待上级批示。1966年5月,"文化大革命"开始,中华书局停止一切业务工作搞运动,"蒋集"编辑工作完全中止,人员解散,所有资料和校样封存中华书局。"中央交办"的这项任务没有完成。"文革"中,中华书局把"蒋集"资料作为重点保存,曾护送到湖北"三线",后又返回北京。

六、《梁启超集》(未刊稿)

20世纪60年代初,吴晗、范文澜、侯外庐等老一辈史学家提出新编一部《梁启超集》,由中华书局出版,得到梁启超先生的长公子梁思成先生等亲属的支持。于是成立一个编辑小组,从河南借调来赵丰田及其两名青年助手(后留下一位),在中华书局办公。金灿然总编辑先是指定王代文同志负责管理,后改由李侃同志负责小组工作,并挂靠在近代史组(室),定期向近代史组(室)报告编辑工作情况,讨论一些问题。这个小组搜集到北京、上海、南京等地图书馆所藏的梁氏资料,以及报刊发表的文章。梁思成先生献出梁家珍藏的梁启超家书手稿。当时已搜集到有数百万字为《饮冰室全集》所未收入的著述,可以新编一部比较完备的《梁启超集》。但从1964年起,国内学术界开始批判资产阶级,受其影响,《梁启超集》编辑工作便停止,所有的资料保存在中华书局,也成为重点保护对象。1994年,经梁思成先生长子梁从诚先生同意,《梁启超家书手迹》由中华书局影印出版。影印后的手迹即已完璧奉还从诚先生。

2010 年 7 月 16 日

(《出版史料》,2010 年第 3 期)

我与中华书局

张岱年

　　我和中华书局曾经有密切的联系。1974 年，北京大学哲学系和中华书局组织了两个编写组，一个是《论语批注》小组，一个是《荀子新注》小组。这两个小组我都参加了。《论语批注》小组，由黄楠森同志任召集人，参加的有李世繁、朱伯崑、魏英敏同志等，对于《论语》各章进行注释、今译及批判。其中注译部分参考了杨伯峻的《论语译注》加以修改，批判部分则运用新的观点进行批判，在当时的气氛之下，以过左的观点进行批判，难免有过当之处。经过几个月的时间，《批注》写成了，正式出版了。但是"批孔"的高潮已过，也就无人看了。

　　当时认为荀子是法家，加以表扬，参照《荀子集解》撰写"新注"，要用新的观点加以注释。参加《荀子新注》有楼宇烈、马绍孟同志等。当时计划编写新注，要超过《荀子集解》

的水平,有了《荀子新注》,就可以不看《荀子集解》了。事实上,《荀子集解》详细抄录了清儒的有关考证,还是必须参阅的。《荀子新注》写成,由中华书局出版。

为了《论语批注》和《荀子新注》的编写,我在中华书局住了两个月。那时中华书局在王府井大街文联大楼,处在繁华大街上,街道整齐,交通方便,当时我六十多岁,身体尚好,参加繁重工作,不觉劳累。在中华书局住的两个月,给我留下了美好的回忆。

1972年,领导指示"要学点中国哲学史"。于是北京大学哲学系决定编写一本"中国哲学史"教科书,由冯友兰、张岱年、朱伯崑、楼宇烈、许抗生等参加撰写。我负责撰写宋元明清哲学部分。经过一段时间的努力,写成了,由中华书局出版。这也是我与中华书局联系的一段因缘。

1978年,北京大学开始招收中国哲学史的硕士研究生,我为中国哲学史研究生开了两门课,一门是中国哲学史史料学,一门是中国哲学史方法论。我将中国哲学史方法论的提纲加以整理,撰成《中国哲学史方法论发凡》,由中华书局正式出版,后来又再版一次。这也是我和中华书局的联系中值得纪念的事情。

上世纪的70年代,我和中华书局联系较多。当时我六十多岁，现在我九十多岁了，回忆往日和中华书局的友谊，颇感到十分温暖！我和中华书局的友谊，是历久常存的。

2001 年 10 月 29 日

（《我与中华书局》，中华书局，2002）

智慧澄明愿力宏
——深切怀念任继愈先生

熊国祯

　　我是北京大学中文系古典文献专业 1961 级的学生。当年,每次从 32 斋学生宿舍出发,到第一教室楼去上课,都要从燕南园的东墙外经过。燕南园林木荫郁,幽深静谧,里面住的都是我们仰慕已久的文化大师,包括副校长、佛教史专家汤用彤先生和哲学大师冯友兰先生等。这是一块文化圣地。作为一年级学生,我们常常驻足门前,窥探园中的景物和动静,希望见到一两位大师的身影,然而却难得有这样的幸运。哲学系有一位老师和上面两位大师都有密切关系,他就是任继愈教授。他是汤用彤先生的亲传弟子,又是冯友兰先生的女婿,这是多么了不起啊!在校学习期间,后来又听说他的《汉唐佛教思想论集》得到了毛泽东主席的崇高评价,是用马列主义观点研究宗教问题的,毛主席誉之为"凤毛麟

　　任继愈（1916—2009），山东平原人。宗教学家、史学家。从1980年代开始，主持《中华大藏经》（汉文部分）的整理和编辑出版工作。著有《汉唐佛教思想论集》、《中国哲学史论》、《老子全译》等。

角"。我们古典文献专业重视读史，无论通史、文学史、哲学史，都要高标准要求，通史要跟历史系本科生一样要求，文学史要和文学专业一样要求，哲学史要和哲学系本科生一样要求。我们的中国哲学史课讲了一年，是由朱伯崑教授主讲的，朱先生有自编的讲义发给我们，任继愈先生主编的四卷本灰皮的《中国哲学史》则是我们的必读书。我们虽然没能聆听任先生亲自讲课，却在中国文学史课上意外地听到了冯钟芸先生的响亮声音，她给我们讲唐代诗文。平静的学习生活没有持续太久，后来下乡"四清"和"文化大革命"先后发生，大家都经历了剧烈的社会动荡。

　　我真正见到任继愈先生是在"文化大革命"以后。在南京大学举行的中国无神论学会成立大会上，任继愈先生被推举为理事长。这是"文革"后最早筹建的学术团体之一，当时各大专院校中国哲学史专业的老师和社科院宗教研究所的许多同志都参加了这个学会。我在中华书局哲学编辑室工作，曾担任南京大学哲学系王友三老师主编的《中国无神论资料汇编·先秦编》的责任编辑，因而有幸参与该会，成为会员。任先生身材清瘦，面色白皙，沉静深思，不苟言笑，给人印象比较冷峻，有严肃深沉的学者风度。后来各种学会如雨后春笋一样蓬勃生长，一些研究项目也陆续开展起来。我当编辑,在专业发展方向上偏重于佛教、道教和理学方面,这样,在各种有关的学术讨论会上,我见到任先生的机会就多起来了,但都属于一般接触,缺乏深交。

　　1981 年 9 月 17 日,中共中央根据陈云同志的提议,发出了《关于整理我国古籍的指示》,随后国务院决定恢复古籍整理出版规划小组,由老革命家、老文化人李一氓同志出任组长。李老高瞻远瞩,懂行务实,首先从五至十年规划抓起。当时中华书局是古籍规划小组的办事机构,李老有事就抓书局的正、副总编辑李侃、赵守俨,要求动员组织力量起草 1982—1992 的五至十年规划。李老曾经提议影印出版佛教大藏经和道藏,可是中华书局拟定的规划草稿比较谨慎,在宗教典籍方面只列入了《中国佛教思想资料选编》、《中国佛教典籍选刊》、《中国道教典籍选刊》等项目。这是因为文史哲古籍整理工作全面铺开以后,工作战线必然很长,而中华书局作为实施规划的主体,编辑力量又十分有限,制订规划时不能不顾虑到实际完成的可能性。

　　1982 年 3 月,全国古籍整理出版规划会议召开。这是拨乱反正以后全国文化学术方面一次重要会议,各方面的专家学者都对这次会议寄予厚望,提出了许多亟待安排的重大出版项目。任继愈先生建议的《中华大藏经(汉文部分)》是较早得以顺利实现的项目之一。这里关键的因素有两个：李老的英明决断和鼎力支持是首要条件，其次就是任先生的坚定执着、敢想敢干和善于拿主意、用干部。汉文大藏经版本众多，卷帙浩繁。任先生建议，以《赵城金藏》为基础影印，以《高丽藏》及其他七种木版大藏经配补和校勘，这既克服了当年铅字排印能力的严重不足，又汇集了各版木刻大藏经的优长，集异会同，为佛教经籍的研究者和使用者提供了前所未有的全面资料和使用方便。一藏在手，众版齐集。这个编印方案提出之初，曾为不少人诟病和讥评，认为《赵城金藏》虽然是海内孤本，但它是民间募集资金镌刻的，不如官版大藏经品质完美，又残损漫漶严重，难以充当底本。任先生调查研究在先，胸有成竹，坚定不移。《赵城金藏》现存5300余卷，虽有缺佚，但《高丽藏》和《赵城金藏》都属宋代《开宝藏》的覆刻本，开本版式十分接近，用《高丽藏》配补《赵城金藏》，既协调自然，又方便快捷。底本资料问题解决以后，还有一个工作人手问题。任先生依靠几名助手和学生，创造性地向社会招聘人员，组织了一个用优汰劣、能进能出的流动性的编校班子，对外号称"《中华大藏经》编辑局"。这个"局"并不是一个行政实体，只是个"假名"，没有编制，没有经费，所有开支和劳动报酬都由古籍规划小组划拨的项目经费和中华书局的校对费、抄写费支付。没有这样一个用人制度上的大胆突破，《中华大藏经》的编撰工程就无从谈起。

任先生是一个富有领导工作经验的著名学者，他有胆有识，敢于担当。《中华大藏经（汉文部分）》共收录佛教经籍4100余种，篇幅多达23000余卷，从1982年开始筹备编辑，到1996年将正文106册全部出齐，前后历时十五年。而《中华大藏经总目》延迟至2003年才正式出版。在如此复杂漫长的编辑出版过程中，任先生始终主持其事，大主意都是由他最后敲定。他所以能举重若轻，指挥若定，除本人学养深厚外，还得力于几个助手。北京大学南亚研究所的童玮先生是他最重要的助手。童先生朴实平易，亲切和善，是佛教典籍方面难得的版本目录学家，他的足迹踏遍南北各省，凡有重要佛教典籍的地方，不顾年高体弱，他都要亲自探访考察，目验手摩，确证无误。他基本摸清了全国各地佛教藏经的存佚和收藏情况。他凝聚毕生心血精心撰著的《二十二种大藏经通检》于1997年由中华书局正式出版，这已是童先生去世四年后的事情了。另外两位年轻一些的助手是李富华和方广锠。李富华是1959年宗教所筹建阶段即入所的，原是该所图书馆的馆长。自参加《中华大藏经》编撰工作以后，即全力以赴，善始善终。《中华大藏经》编辑局的所有事务，只要是任先生不具体管的，全都由他总管，无论组织领导、业务把关、对内安排、对外联系，他是一个总枢纽。他任劳任怨，尽职尽责，从不懈怠。上下左右各方面，谁有意见和不满都可以发火，他却要妥善回应，统筹协调。他脾气好，性子慢，另有一番执着与坚韧。方广锠参加《中华大藏经》的工作要晚一些，他是南亚研究所的博士生，专攻版本目录之学，治学非常勤奋刻苦。他揽事之广、头绪之多，令人常常体味到时不我待的急迫。他追求程序化的科学管理，对加快加强大藏经的编撰工作发挥了重要作用。

　　作为中华书局哲学编辑室主任、《中华大藏经》最早的责任编辑，在任先生刚刚提出建议时，我就参加了《中华大藏经》的研讨设计工作。开初到北京图书馆善本部找薛殿玺主任交涉借阅《赵城金藏》缩微胶卷事宜，后来与北京图书馆复制部研究增添进口高级照相仪器设备的方案和经费等问题，再后来研究照片洗印的规格大小、黑度、灰度等技术标准等。随着工作的逐步开展，编撰方和出版方的交流探讨日渐深入。我们在中联部李一氓同志办公室开过会，在北牌坊李一氓同志家里碰过头。1983 年前后，比较多的时候我们是在南沙沟任先生家里商量具体方案和工作进度。每次去都是下午 2 点左右，我和童玮先生、李富华在院子里会齐了，然后敲门,任先生亲自开门,把我们让到右手边一个小客厅里,房间不大,但窗明几净,整洁宜人。我们的讨论往往都开门见山,直奔主题,坦诚务实,以实际工作为重,说明情况和问题,研究解决办法,有商有量,商量好了就分头去办。任先生说明议题后,多数时间是听情况,听意见,轻易不插话,我们讨论得有个眉目了,再正式请任先生表态定夺。万事起头难。1983年下半年,《中华大藏经》的第一、二册将要发稿,从照片规格、洗印质量到目录卷次,到每条校勘记的写法,每种木刻大藏经的标记、简称等,我们都反复磋商、修改,然后试做影印书底,请各方面领导和专家学者表示意见,请专职印制人员鉴定。几经周折和反复听取意见,第一、二册终于在1984年1月14日正式发稿,责任编辑是我,印制装订等工作由朱关祥等同志负责,在上海印刷七厂和上海装订厂完成。规格和程序定好以后,后续各册就基本沿袭下来,工作比较顺畅。由于有一个明确的共同目标,我们合作得相当融洽愉快。

1986年8月,我被上级领导任命为中华书局副总经理,要转行从事经营管理工作,具体负责抓基建处(盖印刷厂、业务楼、职工宿舍)、影印部和财务处。我恋恋不舍地向大家辞行,任先生满面笑容地看着我说:"中国古代文人都是先文章,后经济,以经国济民为己任。年轻人,多一点经历和锻炼,有好处。"期待与勉励之情溢于言表。那次会上,我把跟随黄永年先生研习唐史的硕士毕业生毛双民介绍给大家,说以后《中华大藏经》的责任编辑由小毛担任,参加碰头会的事也由他代表了。我还分管影印部,大藏经的印制还在我的分管范围之内。今后有什么事要商量,我还会继续关心和支持的。1994年底我改任中华书局副总编辑。不久,我又负担大藏经的三审。1996年,经过大家持续而艰苦的努力,《中华大藏经(汉文部分)》的正文106册终于全部出齐。在第三届国家图书奖评奖筹备过程中,新闻出版署图书司综合处曾转给中华书局一份编校质量检查记录材料,认定《中华大藏经》编校质量差错超过万分之一,属于不合格。检查者是从现代汉语的文字规范着眼的,没有考虑到古籍图书的特殊性。材料转到我的手里,我从古籍整理图书文字规范特点入手,说明了古体字和今体字、正体字和异体字的辩证关系,并根据几部权威的字典辞书,对该材料提出的例证逐条进行分析答辩,保全了《中华大藏经》的评奖资格(洋洋106册的超大型图书,仅凭抽查的一两万字定终身,还要强调"一票否决",以示对"编校质量"的重视,这种形而上学的思想方法真是要不得)。后来《中华大藏经》获得了第三届国家图书奖荣誉奖、第一届全国古籍整理优秀图书一等奖等多项表彰。2006年中华书局编辑出版《皓首学术随笔》，任先生在自己那一卷的《自序》中曾说："我与中华书局打交道多年，出版《中华大藏经》前后历时十二年，共107册，双方协作善始善终，很难得。"这是由衷之言，是对那一段合作的充分肯定。任先生说的"107册"，包括了在2003年才出版的《中华大藏经总目》。有了这一册总目，《中华大藏经》才是完整而方便使用的。

和许多老先生一样，任先生对中华书局始终怀着一份特殊的感情，这份感情不是对哪个人的，而是对民族文化的。任先生说："记得一次在中华书局的纪念会上，邓恭三（广铭）说过，中华书局兴旺发达，说明中华文化的兴旺，中华书局和中国文化共命运。这话有一定的道理，因为中华文化出版建设是中国兴旺的一面镜子。"任先生不止一次地对我说过："中国近代出版企业，商务印书馆要比中华书局资格老，但是中华书局也有自己的优势。现在讲'振兴中华'，唱《爱我中华》，中华书局都可以沾光，自然而然，毫不牵强，商务印书馆就不行。你们要充分利用这种客观情势，振奋精神，把自己的工作做好。"众多老专家老学者对中华书局的特殊眷顾之情是令人深深感动的，作为中华书局的一员，我们对此要有清醒而自觉的认识:不是我们的工作做得多么好,也不是哪位领导面子大,而是这里寄托着民族文化兴旺发达的集体期望。正像任先生在那篇自序里说的:"中国老年知识分子命运大致相似。这些人,专业各异,经历不同,他们在各自岗位上表现出爱祖国、爱中华文化,为中华文化献身,生死不渝的愿力。"正是出于这样一个根本原因,中华书局凡举行重大活动,任先生是有请必到。也正是出于这样一个根本原因,任先生90多岁高龄还毅然出任"二十四史"与《清史稿》修订工程的总修纂。

任先生有强烈的历史感和使命感,对自己所处的时代有清醒的认识。旧中国培养的知识分子,历次运动都是被批判的对象。经过"文化大革命"以后,任先生借用张政烺先生的一首赠诗表达迎接科学春天的愿望:"不敢妄为些子事,只因曾读数行书。严霜酷日俱经过,次第春风到草庐。"他说:"时代赋予我们的使命是迎接二十一世纪,为创建社会主义新文化准备充足的思想资料。""我们的时代要求这一代人从资料整理开始,为下一时期文化高潮的到来准备条件,做些铺路奠基的工作。"他坚定地认为:文化学术的基本建设离不开资料的汇集与整理,而且资料工作必须先行。只有资料充实、齐备,才有可能孕育新建国家的文化高潮。没有充足的资料为依据,谈论学术文化,势必流于空谈。任先生热心参加的几个重大文化工程都具有基本资料的性质,他利用自己的社会地位和学术影响为这些文化工程争取到了高层领导的重视和丰厚的财政支持,也以自己的经验和智慧为这些工程出谋献策,竭尽心力。

任先生走了。他和老一代知识分子热爱伟大祖国、振兴民族文化的生死不渝的愿力将永远推动我们前进。

(《书品》,2009 年第 5 期,中华书局)

我与中华书局的深情厚谊

吴小如

　　中华书局从创办至今九十年了，我自己也居然活了八十岁。说来难得，我和中华书局的友情真称得起源远流长，竟在七十年以上。这不是虚夸不实的大话，而是确凿有据的实情。

　　记得我是虚龄四岁开始识字的。启蒙的课本不是《三字经》、《千字文》，也不是从"人、手、足、刀、尺"开宗明义的小学教科书（那到我入小学时才开始接触它），而是当时中华书局一册又一册陆续出版的《中华故事》。印象中它是红皮封面，薄薄一本，内用油光纸石印，有文有图，文字是用文言文撰写的。好像我并不是从第一册开始顺序读下去，而是从书店中买到哪一本就读哪一本。母亲用了好长时间才买足一整套，而一套共有多少册现在已完全记不得了。只依稀记得在我过十岁生日（所谓"整生日"）时家中这一套已残缺不全，母亲很想买一套新的给我作生日礼物，却已配不齐了。直到1936年我上南开中学，父亲有一次同我闲谈，认为给孩子启蒙，最好的读物还应推《中华故事》。可惜当时此书早已绝迹。而家中原有的残书，则因1932年从东北迁返北平时被抛弃了。

《中华故事》靠祖母和母亲讲解才能懂，文言文是无法无师自通的。有时遇到难讲的句子或难认的字，则要请教父亲。一般儿童都熟悉的故事如曹冲称象、司马光打破水缸救伙伴等都是从《中华故事》上读到的。我还记得一个故事是说文彦博用水灌树洞，让落入深坑中的球（书上写的还是从"毛"、"求"声的那个字）浮出水面。而印象最深的是说东汉老将马援（这个"援"字用作人名是应读去声的）"据鞍顾盼"，汉光武帝称他："矍铄哉是翁也！"后来读《后汉书·马援传》，才发现儿时所读原是《马援传》的本文，难怪父亲对这一套《中华故事》评价甚高了。现在回想，这部书的不足之处是每个故事缺乏连贯性，不容易学到系统的文史知识。如果中华书局还保存着近百年的出版档案，我想是有可能追踪出这套启蒙读物的下落的。

在我读小学时，我曾连续几年把中华书局编辑出版的《小朋友》当做"课外必读书"。现在只记得这套杂志主编者名吴翰云,撰稿人中有陈伯吹。当时除《小朋友》外,商务印书馆也出版了一套少儿杂志名《儿童世界》,我曾读过几本。但我对《小朋友》情有独钟,后来对别的少儿读物就不大爱看了。这个杂志有一专栏名曰"儿童创作栏"。我当时在哈尔滨市第十七小学读书,曾写过一篇短文直接寄给吴翰云先生。承他回信,告以那篇习作将在《小朋友》某期"儿童创作栏"中发表。寄稿时"九一八"事变尚未发生,到我的那篇处女作刊出时已在东北版图变色之后,因此哈尔滨彼时已看不到《小朋友》了。直到1935年,我在北平育英小学(我是从那个学校毕业的)的图书室里,才翻到尘封已久的《小朋友》合订本,亲眼"欣赏"到我第一次公开发表的"大作"。转眼又是六十多年,这一套合订本《小朋友》是否尚在人间,也颇令人牵挂呢!

从读中学到上大学,我所寓目的由中华书局出版的古今图书,确有不少精品,堪称"不朽"之作。仅"大学用书"中就有好几部至今犹难忘怀。如刘大杰最早的一版《中国文学发展史》和骆鸿凯的《文选学》等,都极为难得。40年代我在北大中文系肄业,有一次沈从文师同我闲谈,提到刘大杰的《魏晋思想论》不可不读,我便立时买了一本,一气读完,至今尚存敝箧。50年代初因备课讲明代文学史,在当时中文系资料室中找到一本李文治著的《晚明民变》，迄今我认为这是一本足供治明末农民起义者使用的最佳钥匙。上述两种，都是由中华书局出版，却很少为人注意的好书。至于最适用、最方便的《四部备要》，长期有使用价值的旧本《辞海》，乃中华书局功在千秋的铁证，人所共知，这里就无须我再来饶舌了。

进入 60 年代，我和中华书局缘分最深的是几种定期或不定期的刊物。"文革"前的《文史》，从第二辑起我就在上面发表文章。十年浩劫后，自 1980 至 1981 年，我还为《文史》义务组稿，并编发过有关文学方面的论文，共四辑。其中俞平伯、林庚、罗尔纲诸先生的大著，都曾经我手审读发表。《学林漫录》创刊，我一直是忠实读者和热心撰稿人。在前十辑中，我曾连续发表了自以为还有点水平的《京剧老生流派发展综说》。后来局方还为我出版了单行本。我的一些书评、书话在《书品》上也不时充数。特别是《文史知识》，自它问世以来，除掉中间有短暂空缺没有联系之外，绝大部分时间我都是它的"遵命"撰稿人。它所开设的各种栏目，除了一些"隔行如隔山"的专门学问如考古、民俗、宗教等门类我无法染指，其他各类，凡我所能应付的内容，只要编辑部一声令下，我总是在最短时间内以最快速度"完成任务"。这样一种组稿、投稿方式，如果彼此间没有深挚友情，恐怕双方都不会这样做的。在退休以前,我在教学战线上即博得"万金油"和"杂家"的头衔;而在《文史知识》这个刊物上,恐怕亦将成为具有"万金油""美称"的撰稿人乎?

(《我与中华书局》,中华书局,2002)

追忆黄永年先生

顾　青

黄永年先生走了。

当我得知这一噩耗的时候，正在外地出差。深夜，我一人枯坐在宾馆房间里，守着电话机。

自从黄先生过完八十大寿之后，就很少出门了。这两年里，每隔两三个星期，黄先生总会给我来个电话。这电话通常是在晚上 11 点之后，有时甚至在 12 点。一声"顾青同志"，然后就天南海北地聊天，中华书局最近有什么新书呀，学界有什么新闻呀，年轻时求学治学的一些往事呀，对时政的一些感想评论呀……最后，先生往往会这样结束通话："给我寄点儿书吧。我现在走不动了，学问也做不成了，只能看看闲书了。"语气中透着寂寞和无奈，还有些许自嘲。

我第一次见到黄永年先生，还是二十多年前，我在北大古典文献专业读书的时候。当时，专业课的讲课老师都是国

148

内最优秀的学者,版本学请来的就是黄先生。先生个子不高,戴着黑边眼镜,笑起来慈眉善目的,嘴角的皱纹却愈发深刻,一讲起课来便眉飞色舞,满面生春。我至今记得先生在课堂上的"夸口":"我不是吹牛,凡是重要典籍的主要版本,我都能说个八九不离十。"那份自信,还带有一种孩子气的天真与骄傲,就如同孩子向同伴夸耀自己的宝贝。后来我才知道,先生是真的藏有宝贝的。我曾问他,家藏了多少善本?先生哈哈一笑:"我可以讲给你听,但是不足为外人道也!"

黄先生操浓重江阴口音的普通话,讲课嗓门挺大,用词用句极富个性色彩,坦率直白,抑扬顿挫。凡是提及好本子,先生会说:"这可是大善本啊!"但因为口音,"大善本"会念成"大蒜本"。讲明代善本特点,先生会说:"记得啊,黑口白绵纸。""黑"、"白"两字都念成入声,生动极了。

有一件小事让我印象深刻。那是1986年夏天,我们班去西部考察实习,终点站是敦煌。从北京出发,一路到了西安。大概是旅行费用不足,学校就专门汇了一笔钱给黄先生,班主任派我们几个同学去他家取钱,据说有好几万元,着实让我们紧张了一回,生怕出意外。我们到了先生家,一起说话聊天。临走前,先生问:"你们知道我把钱放在哪里么?"我当时心想:这笔巨款总该锁起来吧。最后,先生指着书柜边墙角方凳上的一个军用绿挎包："就在那里。最值钱的东西就要放在最不起眼的地方，谁也不会注意!"黄先生一脸得意。

我从北大毕业后，进入中华书局工作，当时书局正准备整理《西游记》。请谁整理呢？傅璇琮、许逸民先生决定请黄永年先生来承担。我当时直纳闷儿，只知道黄先生是唐史专家、版本学家，怎么会做小说研究呢？后来，先生告诉我："我从小就崇拜此公啊!"把孙猴子称为"此公"，我还从未听到第二位学者这么说过。作为责编，我向他建议，用明世德堂本为底本进行整理。先生没有表态，而是把中华书局藏的《明清善本小说丛刊》中的几种《西游记》版本全部借走，详作校勘。大半年之后，黄先生来信说，经过公子黄寿成的校勘，他认为清初的《西游证道书》才是《西游记》成书过程中真正成熟的本子，由此决定以它为底本。为这部新整理本，先生写了3万多字的长篇前言，对《西游记》的成书过程、版本流传和《证道书》本的地位做出极为精彩的论述。那考证的严谨绵密、论述的精彩精到，令人折服。当时初读时，我的感觉是震惊。后来我把这个读后感告诉先生时，他哈哈一笑："这可是我真刀真枪写出来的。""真刀真枪"，又是典型的黄氏语言。这篇文章后来收录在黄先生的自选集《文史探微》中，可见他对此文的珍视。

黄先生每年都会来北京,无论开会、讲学,都会专程到中华书局,与新老朋友见面,所以每年都能见到他。先生十分健谈,说起话来不徐不疾,却总是滔滔不绝,诙谐风趣,嬉笑怒骂,真知灼见层出不穷,听来或振聋发聩,或如沐春风。至今他的音容笑貌仍时时在脑中闪现:

　　谈治学,黄先生说:做学问,得出的结论要符合常理,符合实际,别弄得连自己都不相信。

　　谈家谱,黄先生说:家谱不敢全信的。我小时候就见过有人挑着担子去大户人家帮助修家谱,姓刘的就说祖先是刘邦,姓陆的就说是陆秀夫的后人。信不得的!

　　谈到自己当右派,黄先生说:那些人真是瞎了眼,让我这个右派到图书馆去改造。他们自己不喜欢的地方,就让我去,我正好有机会读书!

　　谈到自己当选全国人大代表,黄先生说:我在"文革"中挑河泥差点儿丢了小命,现在却当上了人大代表,第一次到人民大会堂开会,国歌一响,我的眼泪差点儿流出来……老子也有今天!

　　去年8月,我跟黄先生提出,请他写一本自传。他丰富的人生经验、满腹的学问和掌故、精彩迭出的识见,都是多么珍贵的史料啊!但先生说:"我已经写不动了。"我想到"口述历史"的方式,想请他讲述出来。先生说:"我试过的,可是一个人干讲没意思,这要有人听,能交流,才讲得出来啊!"我当时就想,什么时候出差去西安,多待几天,和先生边聊边录,整理出来,再配上他的照片、书法、印章,是一本多精彩的书啊!可这个计划还没来得及实施,先生已经走了。

去年9月,中华书局的年轻编辑对我说,想编一本黄永年先生有关唐史的文章选本,供初学唐史的学生使用。我当即与先生商量,他一口答应,并亲自拟定了选目,定名《唐史十二讲》,列入中华书局"专题课"系列图书中。此后,先生在电话中多次说:"这大概是我的最后一本书了。我年纪大了,钱和名都没有意思了,只想把书出好,少一点错,不要误人子弟啊!"可是,这本书还在编校过程中,先生已经走了。古人说:"子欲养而亲不待。"我为什么不早做安排呢?这份自责与遗憾,压在心头,那么沉,那么重……

有时,夜深人静时,我守在电话机旁,真希望电话铃声骤然响起,话筒中又能传出先生那熟悉的声音。我想说:"黄先生,最近中华又出了好多新书,我给您寄去啊!"现在,我该往哪儿寄呢?

（《书品》,2007年第2期,中华书局）

我与中华书局的人和事

来新夏

中华书局是与辛亥革命同年出现在中国近代史上的一家出版机构,在中国近代出版史上占有一定的地位。我在去年完成的《中国近代图书事业史》(上海人民出版社,2000年12月版)一书中曾为它写下一个题目(第229页)。我从30年代入中学,直到读完大学,一直有中华的书相伴,但我与中华书局有正式学术交往却是在上一世纪的50年代末。

我与中华人接触最早的是赵守俨学弟,我们都是辅仁大学的校友,他比我晚两届,但一直没有见过面。50年代末,忽然收到他的一封信,邀我审读中山大学历史系所编《林则徐集》稿,当时我正在撰写《林则徐年谱》,需要有大量原始资料来参校订正,便欣然接受任务。不久守俨亲自将全稿送来,这是我们第一次见面。朋友们都知道他是清末民初名人赵尔丰的嫡孙,虽属名门后裔,但没有坏习气,温文儒雅,平易近人。他虽主持中华的编务，但并没有一般"老总"的盛气。我们在谈笑间谈定了审稿的要求，其诚恳和真挚的态度，令人可亲可敬。我用了一年多的时间审完全稿，亦亲自送回。守俨对我的工作很满意，请我到翠华楼一起吃了顿午饭。其实这次审稿不仅是为《林则徐集》，而更大的受益者是正在编写《林则徐年谱》的我。借此机会，我获读了大量送上门的原始资料，使《林则徐年谱》基本定型，撰成30余万字的初稿，这部初稿虽曾遭"文革"劫难，但终于经过重写恢复，于1981年由上海人民出版社正式出版，1985年经增订为40余万字，仍由上海人民出版社出增订本，1997年为配合香港回归，我在原增订本基础上重新编撰为《林则徐年谱新编》，达60余万字，由南开大学出版社出版，成为林则徐惟一的一部年谱著作，得到学术界的赞誉。饮水思源，这不能不归功于中华书局和守俨给我提供的条件，我一直没有忘记这种友情的关注。

我和守俨的第二件事发生在1981年。这一年冬季，李一氓同志在一次讲话中曾谈到清代康雍乾时期整理古籍的气魄，要求中华书局写一个简单的有关资料。1982年初，中华书局编辑部和守俨先后函请我写一份有关资料。守俨是亲自聆听过李老报告的，所以在来信中提出了一些具体要求

供我参考,实际上是为帮助我写好这份资料。守俨写了四条意见,即:

(1)"李老所说应指那一时期官修的诗文总集、类书、工具书,如《全唐诗》、《全唐文》、《古今图书集成》、《渊鉴类函》、《康熙字典》等。"

(2)"不属于官修者不必收。"

(3)"这份材料似毋需太繁,只要有书名、主编人、编纂时间,大体分分类就够了。可收可不收者,不妨收入;稍有遗漏也没关系。卷帙浩繁的重要书最好不漏。"

(4)"宣扬清代武功的书,虽系官修,却是那时的当代史;明史对清初来说,也不算古籍。"

我根据守俨的这些提示草拟了一份《清代康雍乾三朝官方整理古籍例目》,由守俨转交给李老,后来我把这份《例目》收在我的《结网录》中(南开大学出版社,1984 年 10 月版),每当翻读到此文,怀旧之情,油然而生。如果当初没有守俨的具体帮助,又怎能在两天之内成文?

最使我魂牵梦萦至今难忘的是守俨对拙著《近三百年人物年谱知见录》的关注。《近三百年人物年谱知见录》是我从50 年代初至 60 年代初历时十余年撰成的潜心之作。"文革"时成稿遭抄没焚烧,70 年代末,我又据草稿重撰此书。

事为守俨所知,曾在一次相晤时说,希望这书由中华出。当时随意一说,彼此都未太经意。书成以后我亦没有去找守俨,怕为他增加麻烦。有一次,南开同事老友汤纲在回上海老家探亲前来看我,看到此稿尚待字闺中,便表示他和上海人民出版社的几位负责人都是复旦同学,有七八成把握。于是把稿拿走。不久汤纲兄假满回校,告知稿件已被上海人民出版社接受,并将很快安排出版。等书出版后我送书给守俨,他立即示后悔从他手里把这部书漏走,我亦检讨了自己的不够主动。守俨更热诚地向我约定如果该书增订的话,一定要在中华出。我颇受感动而答应下来,可惜直到如今,我被公私事务烦扰而未着手增订,深负守俨的期望。设能天假我年,我当尽力增订完成,以慰亡友关爱之情。守俨由于具有较深厚的学术功底,所以,对书稿学术价值的鉴别,对学人们学术生活的关注,对出版图书的高层次要求等等,都无愧于是一位出色的学者型出版家。他谢世后,我就写了这几件事以作悼念,但难以发表。感谢中华书局局庆征文使我有机会抒发对亡友的缅怀之情。

我与中华第二位相识者是傅璇琮先生,他当时似乎是历史编辑室主任。80年代初,他正在组织一套《中华史学丛书》,或许因为我是余嘉锡先生的学生,曾涉足于目录学领域，所以在素不相识的情况下，约我写一部有关目录学的书，加盟于《中华史学丛书》。这种约稿在出版界应说是难得之举。因为我在"文革"时曾贬放乡居四年，耕余时就写有一部《古典目录学浅说》，所以稍加整理修订，便如约交稿，由他和崔文印先生审读，提出修改意见，并建议我更广泛地征求一下意见，我即将正在讲授该课的油印本讲义分送顾廷龙、傅振伦、朱泽吉诸先生审定，得到他们的指正。经过再一次的修订，很快地于1981年出书，成为古典目录学领域中较早的一部系统性较强的目录学专著，也进一步推进我对古典目录学的钻研。不久，傅璇琮先生担任书局的副总编辑，后来又担任总编辑，是一位声名显赫的学者型编辑家，但并未遗忘早年的旧友，他主编的《中国图书通史》问世后，还亲自以电话相邀，为该书撰写评论，我即成为少数几位评论者之一。他依然是当年那副谦抑的态度，未失书生本色。

我与中华人交往最多的是崔文印先生。从他参与《古典目录学浅说》的审稿以来，我们就开始学术上的商榷。他不仅为《古典目录学浅说》写过一篇实实在在的书评发表在《读书》上，给我以很大的鼓励；而且建议我以此书为基础，撰写一部《古典目录学》，作为大学教材，我亦久有此意，于是把

《古典目录学浅说》的第一、二、四章作为《古典目录》一书的基础,增订补充为七章,于1987年写定,并经国家教委列入"七五"教材规划的项目之一。《浅说》中的第三章《古典目录学的相关学科》按文印的意见砍掉,另成一书,后来我即以第三章为起点改写成《古籍整理散论》,于1994年由书目文献出版社出版,这也当归功于文印。1988年,《古典目录学》经图家教委高教一司组织有关专家审定通过后,交中华书局出版,而责编恰恰正是文印,更增加了我们接触的机会。我们多次在文印的编辑室交谈修改意见和出版事宜。虽时有争论,但终归一致。1991年,《古典目录学》问世,成为全国高校图书馆学系、历史系和中文系的惟一教材。我们在审定古典目录学的过程中,有时还谈些各自的学术研究,有一次我和文印谈到我正在恢复在"文革"中遭劫的《清代笔记随录》一稿时,与文印同一编辑室的何英芳女士对此突发兴趣,非要看样稿,并给我一大捆中华书局用来出版繁体书的直行繁体稿纸。我用这种稿纸写了四十多篇提要性的随录,何女士即退休,我亦疏懒而中辍,至今尚存有一束直行繁体字稿,也深感欠了中华一笔账。《古典目录学》出版后,我和文印的交谊未断,我每到北京,总要到文印处坐坐,因为他失聪,所以常常头顶头似地在他耳边大声说话。他为人诚朴,有什么说什么，我们都专攻文献学，所以这方面谈得较多。后来文印伉俪出版了《中国历史文献学史述要》，我为之写了一篇书评；我在上海出版了《中国近代图书事业史》，文印也为我写了一篇书评，互有怜惜，决无吹捧。他多次表示想在退休前当《近三百年人物年谱知见录》的责编，而我一直没有成稿，至今引为憾事。

我与中华书局还有许多人和事值得写，如骈宇骞先生与我共编《中国地方史志论丛》，陈抗先生帮助我完成《史记选》的注释工作，刘德麟、陈铮二先生与我共同完成新编《林则徐全集》奏稿部分的审稿工作，为熊国祯、沈锡麟二先生主持的《书品》写稿等等，真非三言两语所能尽，因征文字数有限，歉难一一详述。

我和中华书局近半个世纪的交往应说是有过不少人与事的联系，渐渐形成对中华书局有一种总体认识。中华在上个世纪确实对社会的文化建设有其重要的贡献：它向社会呈献了大量为人们所公认有学术价值的优秀著述和读物，对作者的学术生活给予了帮助与推动，使学者的学术成果得以公诸于世而无名山之憾，同时更培养了一批学者型的编辑家和出版家。这些成绩或许能得到学术界的共识。在中华书局90华诞之际，我以一个曾是长期的读者和作者的身份，祝愿中华书局开拓创新,传承文明,为中国出版事业树一典型,在新的世纪里有超越过去的更大成绩。

2001 年 10 月下旬写于南开大学邃谷

(《我与中华书局》,中华书局,2002)

难忘的往事

汤志钧

中华书局已经成立九十周年，我和中华书局的交谊，也近半个世纪了。

还是 50 年代，我写的《戊戌变法人物传稿》，由于是用文言文写的，不易找到出版单位，抱着姑妄一试的想法，向中华书局投稿，没想到他们竟接受出版了。只是提出序文太长，建议扩大为《戊戌变法简史》，我当然接受，并以能在中华出书为荣。后来，我才知道，这部书稿是由张静庐先生审阅出版的。

不久，为了纪念辛亥革命五十周年，中华书局约我编选《章太炎政论集》，我虽接受邀约，但章太炎的论文，特别是政论文章，《太炎文录》每多刊落，必须网罗遗文，广事搜稽，还要鉴别字体，反复推敲。他又文字古典、难于索解，勉强完稿后，中华书局特地请了精通古文献的专家校读，一连看了六

161

次校样。又因种种原因,一时不能出书,历时数年,中遭"文革",后来又经重排,由繁体改为简体,由《政论集》改为《政论选集》,中华书局为此花费了多少人力物力,这种无私帮助,能不为之感动?

"文革"后期,我正由干校到工厂"战高温",突然被调回参加"二十四史"中的《宋史》点校工作。当时"左"的干扰还很严重,中华书局的赵守俨同志就点校体例作了实事求是的说明,精辟的解答,严谨的风范,得到了绝大多数同志的赞同,使这项工作进行下去。

1979年3月22日到4月7日,在成都举行中国历史规划会议,这是粉碎"四人帮"以后历史学界第一次集会,我刚到成都,看到名单上赵守俨和李侃也参加会议。我和李侃同志虽在他审读《章太炎年谱长编》时通过信,但彼此却不相识,这次会议才正式"订交"。李、赵两公谈到中华书局今后的打算,并嘱我为中华书局多作贡献。这样,我和中华书局的关系也就更加密切了。我为他们审读过稿件,自己的著作和编选的集子,也陆续由中华书局出版。

中华书局之所以能吸引作者,作者之所以希望书籍在中华书局出版,是因为他们看得远,抓得准,待人以诚,审稿以严。"二十四史"的点校,已为海内外学者所公许,这里就不赘言了。即以我接触较多的中国近代史来说，中华书局除出版作为高等学校的教材或主要参考书外，还出版《中国近代人物文集丛书》和《中国近代人物日记丛书》。从近几年几个重要国际学术会议来看，讨论戊戌变法和辛亥革命的论文，几乎都引录了中华书局出版的各种文集，它既为很多难于寻找各种书报的读者提供方便，也促进了学术的繁荣。近年的新人不断涌现，中华书局是有很大贡献的。至于近代人物的日记，也引起了国内外学者的重视，日本最近还有人专门研究《郑观应日记》。

至于专著，中华书局也出版了《中国近代文化史丛书》。

中华书局对作者的情况也很了解，如中国近代人物文集，除接受专门研究的作者来稿外，也考虑各该人物原籍的文史部门或有关专人负责编集，这样就能有的放矢，保证质量。他们又不因为是"老作者"而稍予宽容，照样严格把关，如《康有为与戊戌变法》，是1982年交付中华书局的，负责审稿的陈铮同志提出：次年9月将在广州举行"戊戌维新与康、梁学术讨论会"，"是否待这次会议之后付排，以便吸取史学界最新的成果"，诚恳的建议，当然应该接受。

最近十年，我和中华书局的接触没有过去那么多了，中华书局的近代史著作和"丛书"似乎也出得没有过去多了。

在市场经济的潮流下，出书不易，像中华书局那样质量高、篇幅厚的书更加不易。作为中华书局的老读者、老作者，对中华书局的前景，仍旧十分关注。1998年，我到北京开会，中华书局邀请一些历史学者到该局参观新址，并设宴招待，负责同志表示："要保持中华书局的传统，继续出新书、出好书。"我相信，这个愿望，一定要实现，也一定能实现！

（《我与中华书局》，中华书局，2002）

一以贯之地培养作者
——一面，一指，一种杂志

白化文

1959年夏秋之际，我到东总布胡同十号中华书局访问程毅中（仲弘）学长。经仲弘学长之介，陆续与中华各部门及其人员有了或多或少断断续续的业务联系，至今成了中华的老熟人，屈指四十二载矣！

1959年是大跃进的年代。中华书局和我当时所在单位都是每日早中晚三班工作，晚上加班到21点钟，只有星期六晚上和星期天全天才休息。什么叫报酬，无人提起。可是，大家干劲十足，心甘情愿，工作热火朝天。然而，活儿还是干不完。仲弘学长征得领导同意，把一些不重要的古籍标点活计拿出来给我干，这却是有点报酬的。我就在晚上约22点钟下班抵家并草草盥洗后再加一班，午夜方休，全仗着第二天午休，躺在办公桌上睡得如死狗一般。星期六晚上和星期天全天更得搭上。此种干活，直到三年灾害时才停止。

1961年，中华迁翠微路二号大院，工作人员大部分亦迁居此处。大约在国庆后不久，仲弘学长通知，说金灿然先生要在星期天约见我，地点在金先生府上。届时，仲弘学长率我前往。只见是一处平房小院，花木扶疏。金先生在客厅接见。他劈头问我对郑振铎的学术的评价。我安敢妄议前贤，嗫嗫嚅嚅，说不出来。他为我解围，说了他的看法，大致是，郑先生的学术，既博且精，应学习郑先生贯穿中外文史，打通图书、文物、考古的精神与做法。我说心向往之，于今做不到。他说今日图书、文物大部分归公，考古工作如日方升，远非解放前可比。我说，这对专业工作者有利，一般人限于条件与时间，仍然难以做到。他说，达不到郑先生的水平，当个小杂家也不错的。会见至此结束。从此我再也没有晋谒金先生的机会了。那时我正值而立之年。据我所知，此前几日，金先生还接见过我的大学同班金开诚、李厚基等位学长，后来还找天津南开大学的几位青年人来谈过。别的人料想还有。

这次晋见，对我的一生起了决定性的作用。一方面，从此，我立志朝向"当个小杂家也不错"的方向努力，最后成为一个样样稀松的打杂的。自觉愧对金先生。不过，不管好坏，不论程度，我确实是这么干啦！另一方面，中华通过仲弘学长,更加派活。到1965年夏季为止,活计大致可分:一种还是古籍校点,例如:徐铉的《稽神录》,晋见后几天就交下来,我体会有业务审核之意,战哉兢兢地标点了。此书在三十六年之后得以出版,金先生墓木拱矣,不胜泫然! 接着,《晚清文学丛钞》之中的小说类的标点任务就下来了。我干了不少,可是一本书也没拿到。自觉是已经拿过标点费之故,比起仲弘学长等位白干的占便宜大了,也就心安理得啦。希望谒见阿英先生一次,答应了,没有机会。四十年后见到钱小惠先生,略表寸衷与遗憾。还有别的活计,不再列举。另一种是翻书,参与找李白、杜甫资料,后来结集为《古典文学研究资料汇编》中的两种出版。记得《全唐诗》是我翻阅的。今日有检索光盘,一举手之劳矣! 尚翻阅多种文集,不赘述。再一种是派我写《知识丛书》中的一本,乃是《世说新语》,限十万字左右。初稿由王瑶(昭琛)老师审核,打回来叫大修。时已近"文革",自知无望,弃置箧中。挨革时此稿抄走,下落不明。只余附录一种,"文革"后家事扰人,意兴落寞,剩稿由知交李昭时同志整理,交中华《文史》第七辑刊出。还有一种差事,即对日本研究中国古典文献的动态作些报道。编写了几篇,有的发在当时由俞筱尧老哥主编的《古籍整理出版情况简报》上。从此与俞老哥和"简报"建立了联系,至今不断线。"文革"后,严绍璗学长异军突起,成为研究日本的大专家,我自惭形秽,赶紧洗手,乐观其成矣。

我在1959—1965年之间与中华的关系大略如上。不难看出,其中隐隐有金先生衣被后学的影响在,也有如仲弘学长等提携的力量在。重要的更在于,经过金先生指路,中华从工作中培养,决定了我一生的道路。这"一面"之关系大矣!

"文革"羯鼓声高,和弦音寂。1972年左右,中华群公自咸宁干校陆续北还。蛰伏的我又给中华——还有《文物》杂志——打杂啦。但是,生活不安定,干扰极多,总是塌不下心来。仲弘学长交给我《楚辞补注》标点,说义务劳动,解闷儿。我三天打鱼两天晒网。约1975年,邓公复出,知识分子又有复苏之感。忽一日,中华召集二十余位中青年人,在新址王府井大街三十六号大楼二层南头大房间(此房间不久成为文学编辑室所在)开会。实际主持人是褚斌杰大学长。会上散发一份选题选目,说要出一套"知识丛书"类型的小丛书,让大家自认题目。我认为,按当前形势,这套书出不来,即使出几本,也是批判对象,说不定给作者和编者惹出多大麻烦来。因而极为消极,坐在远离褚爷(尊称,由京剧中褚彪的尊称引申)的西南角落里,一言不发。将近散会(当时无招待吃饭一说,更有粮票问题,故临近饭时必须散会),捧场领任务者寥寥。褚爷有点着急,隔着长桌子远远地冲我一指:"老白,'敦煌俗文学'这个选题归你写了!"这一指,决定了我后半生业务的努力大方向。

原来,仲弘学长和我在大学时期经常一起读书,有一段时候,以郑振铎先生巨著《中国俗文学史》为中心,共同钻研俗文学。这一点,大约仲弘学长向金先生介绍过,所以召见时有所垂询。褚爷可能早有所知。其实,仲弘学长后来深入斯学,写下极富创见的有关变文的论文。我则旧业早已抛荒,拾不起来了。

不久,"四人帮"倒台,大地复苏。中华可就催稿啦。当时尚在《文物》杂志编辑部服务的沈玉成学长见我转磨,就带我去谒见斯学泰斗周绍良先生。从此,我拜周先生为师,学起敦煌学来了。那时,这条道上路静人稀。可是,中国的知识分子是极聪明最要强的,只要给他们一定的条件,如能坐下来,少干扰,创造些获取相关资料的机会,即使条件比国际上同行差得多,他们也会毫无怨尤地自动干将起来,并且迅速追回荒废的岁月,赶上国际同行。1983年敦煌吐鲁番学会成立后,这股东风刮得十分强劲。现在,我国学者在敦煌学方面早已居世界前列。我则由于主客观种种原因,在敦煌

169

俗文学研究方面非常落后了,只能有时混在敦煌学界,打打杂而已。国内外学者在这方面的新著如林,读后自惭形秽,自然噤若寒蝉矣。派我写的小册子始终也没写成,愧对中华和程、褚诸大学长。不过,这一指影响甚至决定了我后半生的业务走向,却是肯定无疑酌了。

拨乱反正后,我与中华的关系更密切了,但是,多数情况下是以小作者的面目出现,与“文革”前的单纯受雇有所不同。也编写出版了几本小书,无足轻重,不赘述。要说的倒是,1980 年,我正值一生中第二次痛不欲生的危机之中,袁行霈大学长从来爱人以德,不露声色地暗中助人,他介绍我与中央电视台的张复华同志相识,一同去拍《苏东坡月夜访石钟》的电视片。其实,当时我的地位和学识远不足以当此重任,这本是袁大学长的差使,让给我去排遣愁思了。我心知其意,感激之极,可从来没有对谁提过。我愿借此处篇幅说明此事,并向他表示意重言轻的感谢!

这时,中华领导和诸位学长(仲弘学长肯定起相当大的作用,不过他至今不提)似乎也有为我找点转移注意力的排遣方式的想法。适逢其会,李侃总编辑要杨牧之学长办一份刊物,承蒙不弃,首先找到我。我心知其意,虽自知地位和学

170

识更是不能当此重任,但是美意难辞,于是承乏编委,于今二十余年矣。我进入中华的又一新天地,当了编委,除了出主意,组稿,还有写稿任务。《文史知识》的文风要求是深入浅出,说理透豁又得让高中程度以上的老中青读者全能读懂并爱看。在写稿过程中,我力求一以贯之。久而久之,似乎成为一名编写"社科科普"文章的作者了。应该说,在为《文史知识》写稿前,我写稿不多,公开发表者更少。《文史知识》把我培养成一个尚能动笔的人。而且,一种杂志铸成一个人的文风,起码是表现在我身上了。

《文史知识》还培养我进入了两门学术领域。一门是对汉化佛教的佛寺、佛像、法器服饰等方面的介绍性阐释,这是与旅游之风兴起有关联的。我师从周绍良先生,周先生那时已经由被迫家居而逐步东山再起,进入中国佛教协会工作了。我以近水楼台之便,得以经常出入庙门,就近研究。另一门呢,原来中央电视台想办一台新春大联欢晚会,张复华同志与我计议,搞春节迎春征联。我建议与《文史知识》编辑部等合办。杨牧之学长抓住这个机会,迅速投入几乎全部兵力,干好此事。应该说,杨牧之学长是三年三次征联的事实上的主要组织者和领导者。这对提高《文史知识》的知名度颇起作用。原委具见我在庆祝《文史知识》创刊二十周年所写的有关三次征联的回忆中,亦不赘述。我有意外收获。我虽在高中时期因系支撑门户的长男，解放前有时参加红白事活动，需要拿着"对联宝典"之类书籍硬凑几副联语，也不过照着葫芦画瓢罢了。解放后早已不玩这一套啦。此次重拾旧业，在刘叶秋先生、吴小如老师和仲弘学长的指导下，逐渐有点摸门儿。后来，经许逸民学长亲任责任编辑，居然在中华出了一部校点本《楹联丛话》。再后来，经过编纂《敦煌学大辞典》，与上海辞书出版社杨蓉蓉主任等位熟悉了，竟然在他们那里出了两种书。一种是通俗小册子《学习写对联》。中国楹联学会（此会之成立与第三次征联评联极有关系）也赏我一个"顾问"头衔，得以追随刘叶秋、朱家溍诸老、吴小如老师、仲弘学长各名家之后，何幸如之！中华的一种杂志培养一名作者在一种学术方面作出点成绩，也体现在我身上了。

总括来说，中华书局在培养作者方面成绩卓著，以上不过举出个人为例。十分惭愧的是，我的进步太慢，辜负了中华诸位领导与群公的期待。中华书局对得起我，我对不起中华书局！

2001 年 11 月 8 日承泽园

（《我与中华书局》，中华书局，2002）

我与中华书局的友谊和学谊

徐苹芳

　　我与中华书局的友谊和学谊,是从与赵守俨先生的关系开始的。1956年秋,我从南开大学调回北京,在中科院考古所工作。当时守俨在商务印书馆工作,他经手出版两种书,一是邓之诚(文如)先生的《东京梦华录注》,二是陈梦家先生的《尚书通论》。有时我在海淀成府邓先生家和考古所陈先生办公室遇到守俨。1957年"反右"运动开始,风声鹤唳,草木皆兵。有一次守俨去陈先生办公室,我也在场,谈完正事后,守俨已离开办公室,忽然又很紧张地回来,小声问陈先生还有什么事? 陈先生愕然说没有事。这个情景给我留下了极其深刻的印象。梦家先生是位玩世不恭的学者,大祸临头尚茫然不知;守俨一贯奉公守法,谨小慎微,所以,才形成了陈先生愕然,守俨紧张的情景。

　　陈梦家先生被划为"右派",是我无论如何不能接受的事,我知道这位玩世不恭的学者,同时也是一位有民族气节、拥护共产党和社会主义的学者。我与守俨并未在对陈先生看法上交换过任何意见,但都在"反右"时期尽量地给陈先生安慰。这使我与守俨的友谊有了进一步的加深。

后来因出版事业的规划制定和分工,关于中国古代文史哲和古籍整理出版皆由中华书局承担,商务印书馆则侧重辞书、翻译和语言学诸方面,守俨也从商务调至中华,这才建立了我与中华书局的友谊和学谊。

守俨到中华书局后,主要抓"廿四史"标点的工作。"文化大革命"后"廿四史"标点本出版。出版界的分工稍有松动。中华书局被允许出版与文物考古有关的部分图书。80年代我先后经手出版了考古类专刊《居延汉简甲乙编》、《汉简缀述》、《善本碑帖录》和《语石异同评》等。

应守俨之邀,协助中华书局编辑了一套《中国古代都城资料选刊》,已出《东京梦华录注》、《历代宅京记》、《唐两京城坊考》、《河南志》、《类编长安志》和《汴京遗迹志》六种,尚有《长安志》和《雍录》未出版。

古籍整理小组学术委员会成立后,在傅璇琮先生的主持下,办公室就设在中华书局,我从考古所到中华书局近在咫尺,经常往来。在这个阶段中华书局的许多先生确实为古籍小组做了大量的工作,编辑了三辑《中国传统文化研究丛书》三十种,在中国学术界产生了很大的影响。策划编辑中国古籍书目和提要,这项工作后来因计划改变而停顿,但它在全国古籍整理界却起到了导向性的作用,虽然这个作用目前是潜在的,却并不妨碍它在将来会成为古籍整理界的共识方向。毫无疑问,中华书局的诸位先生是为这个不为人知的冷僻事业作出了贡献的。

我作为考古所的原所长,在我主持所务的期间完成了夏鼐先生所策划的《殷周金文集成》的编辑工作,交由中华书局出版。赵诚先生是这部书的责任编辑,他尽了他的最大努力,使这部书从20世纪80年代至90年代陆续分十八分册出版。这部书的出版在中国考古学、中国古代历史学、中国古文字学和古代铭刻学上是十分重要的。夏鼐先生在这部书的"前言"中阐述了它的学术意义,它可以称得上是中国考古学的大型基础学术资料集,连续数年,荣获国家多种优秀科研奖。中华书局为此作出的杰出贡献是有目共睹的。可惜的是,作为《殷周金文集成》释文的普及版未被中华书局所接受,失之交臂,而被香港中文大学中国文化研究所出版,诚为憾事!

我与中华书局的诸位先生的友谊,除前面所举的赵守俨、傅璇琮、赵诚之外,还有程毅中、许逸民、张忱石、沈锡麟、谢方和张世林诸先生,特别是程毅中先生,我们是燕京大学的校友,他在中文系,我在历史系,我们曾经住过同一个宿舍楼,现在我们正共同编辑新复刊的《燕京学报》。

中华书局九十华诞,我衷心地祝愿它在中国古籍整理和古代文史哲书籍出版上,保持固有的地位,作出更大的贡献。但是,现实的情况是十分严酷的,在市场经济浪潮之下,中华书局的命运是十分困难的。我建议中华书局一方面要全力争取国家对传统文化研究和出版的资助,另一方面也要自谋出路。当年,张元济先生经营商务印书馆时,他能够既出版各类有经济效益的书籍,也能出版没有经济效益而有学术价值的书籍。我们应当学习老一辈出版家的经验,为弘扬中华民族传统文化而努力!

(《我与中华书局》,中华书局,2002)

容庚先生与《金文编》

赵 诚

一

容庚一生编撰了二十七部专著,发表了五十多篇学术论文,总计在八百万字以上。其中《金文编》可以说是他毕生关注、六十年来一直不断增补修订以求其尽善的重要书稿之一。

容庚出生于 1894 年,广东东莞人。由于早年丧父,家境清贫,所以只读过中学。但他勤奋好学,力求上进,还在中学时期即从他的四舅邓尔雅学习《说文》、篆刻、古文字。到了 1917 年,即在东莞中学毕业后的第二年,他就有了编纂《金文编》的计划。

宋代已经有了彝器款识之学,不仅有铜器铭文的著录,还有释文。从某种意义上可以说,那个时代已经有意识地开始了金文的研究。到了清代,铜器铭文的著录和金文的考释有了很大的发展,有关的专书数以百计,金文研究在学术文化上已经占有相当的地位。但是,那个时代的学者仍然囿于《说文》,甚至迷信,奉为圭臬,金文只被看成是《说文》的附庸,只被用来作为《说文》的补充。所以,清末的金石学家、古文字学家吴大澂收集铜器铭文以及古代货币、古代玺印、古代陶器、石鼓上的古文字资料,按照《说文》次序编成了一部专书,实际上是一部古文字类编之类的作品,但书名却称之为《说文古籀补》。后来,丁佛言编《说文古籀补补》、强运开编《说文古籀三补》,也没有摆脱这种影响。从学术发展的历史来看,在丁佛言、强运开成书之前,容庚即已考虑到要编纂《金文编》,使金文研究独立出来,不再成为《说文》的附庸,可见其独具卓识。

1922 年初,容庚《金文编》初稿完成,于是北游京师,特地过天津拜谒罗振玉,深得赏识。罗振玉曾在商承祚面前夸奖:"《金文编》是扩大吴清卿(大澂)的《说文古籀补》之作,很好!"并称赞容庚"治古金文,可造就也"。由于罗的赏识,经罗介绍,容庚被破格录取为北京大学研究所国学门的研究生。可见一个有志于学的青年总会有所建树,因而也就可能有机会得到深造。在当研究生期间,容庚用了整整两年的时间对《金文编》进行修订增补，也曾向罗振玉、王国维、沈兼士、马衡诸位请教，到1925年即写定清稿，并于当年出版。这就是第一版《金文编》，共收字头1382个。

《金文编》问世之后甚得好评，主要有四：一、《金文编》是首创，对金文研究起着推动作用；二、治学严谨，于阙疑之法"用之为尤严"（王国维语）；三、字体摹写，一律按照原形大小，精微入神；四、博采众说，择善而从，于《说文》不仅有所订正还有所增补。所以，一方面成了学习、研究金文的字典，另一方面也成了学习书法、篆刻的字帖，深为各界所欢迎，不久即应前中研院历史语言研究所之要求，对《金文编》加以增订。

二

《金文编》初版问世之后，容庚先后看到了相当数量的铜器和铭文，大体有这样五类。一、清故宫及奉天（沈阳）、热河（承德）两行宫所藏铜器。二、自己节衣缩食购进之铜器。三、庐江刘体智收藏之吉金。四、流失于国外之铜器。五、罗振玉《三代吉金文存》所收之铭文。从容庚对待这些铜器的态度上可以感到一个真正的学者所具有的爱国之心。清代以来，青铜器出土较多而收藏者也日益增多。到了民国年间,军阀混战,国无宁日,富者外逃,贫者救死,往往以所藏铜器出售,而政府不闻不问,于是大量铜器为外国商人所得。容庚忍无可忍,直斥之为"劫掠我文物,倾覆我国家",并编成《海外吉金图录》一书,以供国内学者研究。他自己也以微薄之力,购买一二,以尽匹夫之责。另一方面,对于新见铭文中出现的新字及奇特写法皆一一摹出,补入《金文编》,以发展祖国的学术文化事业。

在这段时期里,容庚在北京结识了著名的古文字学家徐中舒、唐兰、于省吾、商承祚等人,并成了学术上的好朋友,经常三三两两在一起商讨、研究古文字,当然也要论及新见铜器铭文和所见金文及有关奇特的写法。后来,容庚、徐中舒、董作宾、商承祚等12人发起,于1934年9月1日在北平组织成立了学术团体"考古学社",定期举行学术讨论会,并创办、编辑出版了《考古学社社刊》,从第三期起改名为《考古》,或称《考古社刊》,以刊登社员有关考古、古文字方面的论文和讨论学术问题的来往信函,对学术发展和古文字研究起过一定作用。另外,从1929年8月开始,容庚便开始与因大革命失败而逃亡日本的郭沫若相互通信,研讨金文中的有关问题。在这段时期里,还出版、发表了一些有关铜器铭文释读及金文文字考证的专著和论文,如于省吾《双剑誃古金文选》、郭沫若《两周金文辞大系考释》、刘节《楚器图释》、于省吾《井侯殷考醳》、徐中舒《论古铜器之鉴别》、陈梦家《令彝新释》、唐兰《怀铅随录》等等。

新发现的铜器资料和学者之间多方面的讨论，对《金文编》的修订、增补产生了积极的作用。比较典型的事例是容庚编了一部《武英殿彝器图录》，其中就引用了不少古文字学家书信来往中的考释，大多是互相切磋的友谊结晶。这一类成果当然都收入到《金文编》之中。长期以来，《金文编》这一工具书之所以一直被学术界所重视，就因为它有着翔实可靠的材料和广泛深入的研究作为基础。由于有了新的材料和多方面的研究，所以 1938 年增订完毕、1939 年出版的第二版《金文编》竟然增加了 422 个字头，共列字头 1804 个。

抗日战争爆发之后，一直到 1949 年，神州大地基本上处于战乱之中，学者们生活尚且动荡不安，何谈学术研究。第二版《金文编》当时在香港印行，不久香港沦陷，所印之书大部分被毁，流传于世者寥寥无几。容庚多次想再增订重印，但迫于形势只好作罢。建国以后经过三年经济恢复时期，情况有了根本改变，人民生活安定，一片兴旺景象。到了 1954 年，容庚即致信郭沫若，建议增订。经介绍联系到了出版单位。至 1957 年除夕，增订完毕，1959 年出版，为第三版《金文编》，共收字头1894个。虽然只增补了90个字头，但实际上是第二版的补救本，对学术文化的发展产生过相当的作用。

三

一个献身于中华民族文化的整理、继承、研究并欲使之发扬光大的知识分子，一个忠于自己事业的学者，一定会数十年如一日地勤奋学习、孜孜不倦地工作、实事求是地对待现实，绝不会因受到误会委屈、遭到不公平的待遇而有所动摇或放弃自己的追求。容庚正是这样的读书人。

1957年反右，紧接着1958年"拔白旗"开始，容庚就一直受到批评。挨批之后回到家里他仍然就着铭文选字增订他的《金文编》。"文化大革命"开始之后，因陶铸的罪状之一是曾引用过容庚说过的"人同此心，心同此理"这句话，容庚也就成了重点批斗的"活靶子"。此时容庚已年过七旬。1974年，"评法批儒运动"席卷全国，容庚极不赞成全盘否定孔子，更坚决反对批孔联系批"周公"，所以工宣队动员他批孔时，容庚坚决表示："如果硬要逼我批孔，我就跳珠江。"真正是不屈服淫威，不随波逐流。此时容庚已是八十岁的老人了。在十年浩劫中他成了从未"解放"过的"老顽固"，也就被

《古逸丛书三编》

列宁格勒藏抄本《石头记》

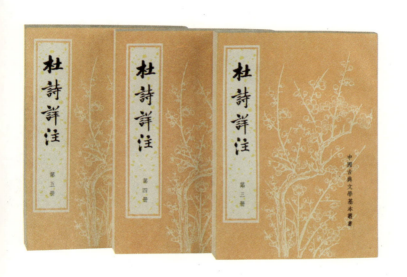

《杜诗详注》（中国古典文学基本丛书）

清代史料笔记丛刊

《甲骨文合集》

十一月二十日

中华书局编辑先生同志们：

　　七月二十日来缄不知如何在最近才收到。拙著之《我的大历史观》加入萬曆十五年重版内甚好。只是何时可以此书能预计？国内印刷情形困难无待阐明。一般书籍作者与言出版日期动辄有十八个月的间隔亦已见惯，但可时时预能缄告因缘此日下写作发表于海外着作时间上的衔接也。又封面设计是否亦可寄下一閱，亦不必装复忘眼。

　　原稿第五页。"春姜香英"实为"璚善香英"，请在排版时更正最好追出原稿以免日后遗忘。耑此顺颂

编安！

　　　　　　　　　黄仁宇　拜启

黄仁宇 1980 年 11 月 25 日给中华书局的信

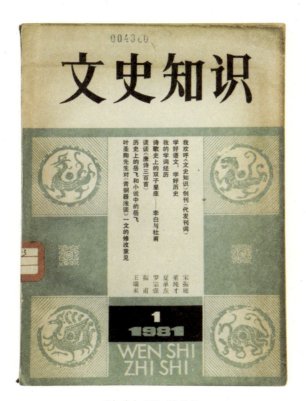

文史知识

004310

1
1981

WEN SHI
ZHI SHI

《文史知识》创刊号

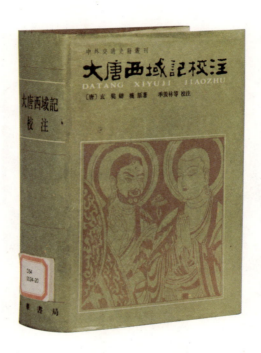

《大唐西域记校注》

扫地出门，被赶出了原来的住地。虽然他身处逆境，备受摧残，仍不屈不挠地从事学术研究。经常是白天挨批斗受监督劳动，晚上回到家里依然按照新得的铭文拓本摹写金文。《金文编》第四版增订本之所以取得较大的成就，是和容庚一心事业的顽强精神分不开的。

1974年我因《甲骨文合集》事出差广州到了中山大学，特地去见过容庚，在那窄小而拥挤的小屋里，他高高兴兴地告诉我他增补修订《金文编》的收获，没有一点点凄苦委屈的表示，真使人敬佩。1976年底我又去过一次，发现他兴致勃勃，工作进度相当之快。这些情况我都先后向当时中华书局前任或后任的负责人丁树奇、陈原汇报过，也向李侃、赵守俨谈起过，他们都支持向容庚组织这部增订本《金文编》。对于学术，对于有真才实学的专家，中华书局向来坚决支持，此即其一例。

为了组织这部手稿，为了便于和作者比较详细地商谈，我特意重新阅读了第三版《金文编》以及有关的书评，并逐一研究新出土铜器的铭文和有关的考释文章。作好了充分准备，我即于1979年下半年到广州和作者多次商谈，进展相当顺利，关系相当融洽。容庚的确是爱护后辈、坚持真理的长者，对于我提的意见，只要有一点点道理必欣然接受，如有不当之处必耐心指出，如同教自己的学生。因为我是有了准备的，所谈能够紧扣主题，所以作者很高兴。金灿然主张编辑在和作者谈书稿问题之前一定要作一番研究，作好充分准备，显然是经验之谈，也应是编辑恪守的原则之一。

不久，容庚自感年迈精力日衰，就把修订增补的工作交给学生马国权继续进行。后来，马国权调离中山大学，容庚又交给另一学生张振林继续搜集摹写。容庚对自己的学生一直是热情关怀，爱护勉励。学生们对老师也都恭敬关心，不仅学习老师的刻苦勤奋，还学习老师的为人。马国权和张振林也正像他们的老师那样，踏踏实实，一丝不苟，严格遵守老师定下的原则小心细致地工作。容庚不幸于1983年去世。由于后继有人，《金文编》这一大型工具书的编纂工作并未因此中断，仅仅隔了一年就于1984年完成，并于1985年由中华书局出版。

《金文编》是一部大型的商周金文字典，又是手写影印，如果全书编成之后再由编辑部来提意见修改，必然费时费工，多所周折。为此，在缮写过程中，作为责任编辑就经常和作者联系，因为多是学术性或技术性的问题，所以总是面对面地一一详谈，相互协商、研究、解决，避免了文牍式的书信往来，甚为经济，实效也好。我和马国权、张振林成了较为融洽的学术朋友，也就由此开始。金灿然曾主张要把编辑工作做到作者编写之前和编写过程之中，确是相当有道理的。

四

第四版《金文编》，在内容上有较多的增补。自 1959 年三版以来，新出铜器陆续面世，所以增补的器目多了 737 器，即由第三版的 3165 器增加到第四版的 3902 器；新增的字头多了 526 个，即由第三版的 1894 字增补到第四版的 2420 字。取得这样的好成绩，显然与祖国各方面基本建设的蓬勃发展带来的考古新发现分不开。它是经济建设的成就在学术文化事业上的一种反映。

如果仅从统计数字来看，《金文编》第四版正编的字头比第三版增加了 526 个。其实并不止此：第三版正编原有的某些字头，到第四版进行了合并；有些原有的字头则被删去。合并的和删去的加在一起，共减少了字头 41 个，则第四版正编实际上增加的字头是 526 加 41，共 567 个。

除了合并和删去，还改变了某些字头，如敵（三版 437号）改为彻（四版 505 号），嫠（三版 1576 号）改为媚（四版 1976 号）等等，字例较多，不备举。

《金文编》第四版在吸收研究成果的基础上的增补、合并、删去、修改字头，只是修订增补的一个重要方面。此外，还作了大量的工作：

一、《金文编》第四版虽是增订本，但却重新摹写，比第三版有较大的改进：1.第三版所收金文例字，有的由于两字之间靠得太近，不易分清字与字之间的界限，给人以模糊之感；重摹之后，两字的间距清晰了，如"睽"字所收各字就是典型的例子。2.第三版所收各字下的说明，包括释文、器名、注释等等，均用工整的草书书写，一般的读者看起来比较吃力。第四版统统改为小楷书写，看起来醒目、清楚，的确是一大改进。

二、第四版增加了一些必要的注解和说明。1.关于文字构形之注解，如"上"字下注曰：《说文》段氏《注》云："古文上作二。故帝下、旁下、示下皆云从古文二。可以证古文本作二。"2.关于词义之注释，如"会"字下注曰：《仪礼·公食大夫礼》"宰夫东面坐启会"，《注》："簋盖也。"3.关于古今文字关系之注释，如"佳"字下注曰：《说文》："鸟之短尾总名也。"段玉裁云："按经传多用为发语之词。《毛诗》皆作维，《尚书》皆作惟，今文《尚书》皆作维。"4.关于史实之注释，如"沴"字下《梁伯戈》之沴，第三版只注出"孳乳为梁"，第四版则增补说明："国名，嬴姓，伯爵。见传者有梁伯，为秦所灭。"5.引用铭文辞语作为注释,如宅字下引《何尊》辞语"隹王初郡宅于成周"及"余其宅兹中或"。这些注释虽然简略,却是方便了读者。

三、字头和例字的关系有所改变。如第三版1750号镐字下原列有两类字形,一为莠形字,一为镐形字,即把这两种形体均作为镐字,所以于莠形字下注云:从艸从㫃。武王所都。《诗·文王有声》:"宅是镐京。"又作鄗,《荀子·王霸篇》:"武王以鄗。"又作滈,《荀子·议兵篇》:"武王以滈。"而第四版2232号镐字下只列镐形字。把莠形字分离出来,另出一个字头莠,作为与镐不同的另一个字,并把原来的注释统统删去,另外注明"《说文》所无"。显然是一种改正。由此也可见,第四版不仅增加注释,也删去某些注解(原注被删去者还有不少,此从略)。

四、《金文编》的金文字头均依《说文》收字之次序排列。凡《说文》所无之字皆附于相应的部首之后。随着考释工作的发展,某些字的释读或对某些字形体结构的分析都有所改变,这些字排列的地位也相应地有所改变。如第三版的倗字(1103号)本次于人部之后,第四版改释为屏字(1412号),也就改列于尸部之后。很清楚,这些并不是简单的排列次序的改变,而是根据对金文原字的辨识和考证加以审慎考虑的结果。

五、铜器器名基本上是研究者根据铜器铭文的内容以及作器人的名字而确定的。由于研究的不断深入，对某些铭文内容以及作器人的看法有时会有所改变，其器名也就随之而有所改变。这也是金文研究成果的一个方面。《金文编》第四版于此也有所反映。如第三版的《禹邗王壶》第四版改为《赵孟壶》，第三版的《齐侯壶》第四版改作《洹子孟姜壶》等等。

《金文编》第四版做了大量的修订增补工作，成绩突出，但也存在某些不足之处，如第三版 617 号壴字下有一小注作"孳乳为鼓"是对的，第四版重写时写作"孳乳为彭"（759 号），鼓字误成了彭，显然不妥。其他还有一些，已有学者专文指出。今后应再行增补修订。

《金文编》第四版增订本印行问世之后，不仅学习、研究金文的读者重视，学习、研究篆刻书法者也经常参看，所以出书之后即销售一空，不久再印了一次也已基本售缺。可见其对于学术文化的贡献。值得注意的是，有相当的外国学者也购买此书，或置于案头，或充实所用。从这种意义上完全可以说，《金文编》增订本的出版，不仅对中国学术文化的发展起到了应有的作用，对世界文化也是一种贡献。

（《书品》，2002 年第 2 期，中华书局）

《先秦汉魏晋南北朝诗》出版的前前后后

程毅中　许逸民

　　我们在中华书局的编辑岗位上,已度过了数十个春秋。这期间审读加工过的稿件虽然不少,但印象最深刻的,要数逯钦立先生校辑的《先秦汉魏晋南北朝诗》一稿。逯稿已于1983年出版,而此稿最初的联系,并被中华书局列入出版规划,却是1961年的事,中间经历了二十二年之久。中华书局从1958年以后,成为整理出版古籍的专业出版社。逯稿的出版过程与中华书局成为专业出版社以后的发展历史,在时间上竟是大略相等。我们追述逯稿的遭际,也可以就一个侧面反映中华书局二十几年来走过的路程,反映中华书局整理出版古籍的方针和作风,或许正是对中华书局百年华诞的一个有意义的纪念吧。

　　1958年,为了有组织、有领导、有计划地做好清理中国古代文化的工作,国务院设立了古籍整理出版规划小组,并指定中华书局作为办事机构。古籍小组随即拟定了1958—1967年整理出版历代文学著作的规划草案。至1960年，古籍小组又拟定了《三年至八年(1960—1967)整理和出版古籍的重点规划》。这一情况说明，中华书局自成为专业出版社的第一年起，对于整理和出版古籍就有一个明确的指导思想，有一套通盘的计划。中华书局的领导者在后来的工作中，之所以表现得那样有信心、有魄力，显然是以此为依据的。

在上面谈到的两个规划中，就文学总集的整理出版而言，最初的计划只是对旧有总集的校点，后来的重点规划中才提出了重新编纂总集的任务，其中《先秦汉魏晋南北朝诗》一项选题，就是根据逯钦立先生的初稿列入的。1962年，当时的总编辑金灿然同志曾亲自拜访作者，表示全力支持，于当年十月与作者签订了约稿合同。出版社的这个行动，无疑是对作者最终完成这部巨编的极大鼓舞。

汉魏六朝诗歌的总集，明代有冯惟讷的《诗纪》，近代有丁福保的《全汉三国晋南北朝诗》。这两部总集虽则筚路蓝缕，有首创之功，但多有芜杂舛误，且不注资料来源，弊端亦复不少。有鉴于此，早在1940年，尚在北京大学文科研究所(昆明龙泉镇)学习的逯钦立先生，便在导师罗庸先生的指导下，专意从事《诗纪》的补正工作。他在《古诗纪补正叙例》中说："此编据冯氏原书，取其正集、外集（其中没至隋部分），以杨氏《古诗存目》为参考，博取群籍，悉心校补，历时三载，幸得竣事，略改《诗纪》旧编，重订成帙，自汉迄隋共为百三十五卷，先唐十一代古诗，网罗散佚，庶几备于此矣。"可见初稿完成于1943年，基本上是对《诗纪》的订补重编，收诗仅限于汉迄隋代。此后至1947年，作者续有修订，写出了全部校记。不过这个稿子在当时未能问世，只有汉诗部分，以其考订成果撰为《汉诗别录》一文，发表在历史语言研究所集刊上。

据作者为《先秦汉魏晋南北朝诗》的出版写的《后记》说："六一年春，在校党委的关怀和督促下，在校内外的同志鼓励下，我于教学工作、教研室工作之外，开始拿出旧稿进行整理，到了今年春才编纂完成。"《后记》写于1964年，这次又用三年时间整理成的稿子，大体上就是现在的样子了。现在的稿子与1947年的修订稿比较，最明显的是增加了先秦的歌谣逸诗，其他方面作者未予说明，实际上整个体例的变动也是很大的。这种种变动的起因，就是作者认真考虑了中华书局编辑部的意见。

大约在1963年，作者曾把稿子寄到中华书局，其体例仍是1947年修订稿的旧式，例如：（1）只收汉至隋十一朝诗；

(2)"每代次序,先帝王,次后妃诸王、次诸家、次列女、次释道,而以郊庙乐章及谣谚继之";(3)悉依旧集原貌,附载他人赓答之诗;(4)以《诗纪》为底本,"补其遗漏,正其谬误"。仅此四点,已可看出逯氏初时尚未突破前代总集的藩篱,编次上仍保留有较多的封建色彩,与今本科学地分编卷次相去甚远。编辑部针对此类问题提出了修改意见,退请作者参酌。1965年,作者在对原稿进行了较大修改后,又把稿子寄来。这时中华书局已因为抽调人员参加"四清"运动,以及随后到来的"文化大革命",再无暇审理此稿了。

1971年,中华书局恢复"二十四史"的整理出版工作,编辑人员陆续从干校抽调回京。后来又设想逐步恢复古籍出版工作,不过这一时期受到"批林批孔"、"评法批儒"运动的严重干扰,根本谈不上严肃的整理和出版古籍。只是因为对于批判地继承文化遗产怀有坚定不移的信念,出于对作者多年辛劳的尊重,"文革"前的存稿才得到保护,幸免损毁。1973年,逯先生来信问及原稿下落,我们告以"妥存我局",使作者得到极大的安慰。作者在来信中曾表示愿对原稿再进行三个方面的订正:"(1)重订个别作家生卒,如王羲之卒年问题;(2)审定全书标点;(3)用明人编诗总集校对某一部分。"编辑部在抽读部分稿子后,也指出了存在的问题,例如辑录诸书，往往有抄写笔误之处，所用底本间有不当，且已发现有漏辑诗句；又如校勘方法，逐一罗列众本，过于繁琐，失校、误校处也不少；再如断句，当断不断，割裂文义（破句）处，亦有之，甚至有通段未加句读者。从这里可以看出，编者和作者对稿子质量的要求是一致的，双方愿意竭诚合作，再作努力。

编辑部的退改信函，连同原稿，一并于1973年7月31日寄往长春。逯先生8月5日收到信和稿件，对家人说起过要按照出版社的意见进行修改，但翌日（8月6日）便猝发心脏病，不幸逝世。这样一来，修改定稿的任务只好委诸他人了。考虑到稿子复核繁难，篇幅巨大，我们建议在逯先生的生前友好中找一位同志，用较长一段时间从事这一工作。经与逯先生家属及师大中文系古典文学教研室同志反复磋商，并经任继愈、张政烺诸先生推荐，曾拟请刘禹昌先生任其劳。刘先生原在东北师大中文系任教，此时已办理退休，寓居江西九江女儿家中。他愿意代为修订定稿，但提出九江资料不足，希望在北京安排改稿事宜。限于当时出版社的工作条件，有些困难无法解决，特别是取决于当时的形势，出版此类总集还不能说已提到议事日程上来，所以改稿一事只得暂缓进行。

1975 年,编辑部委派程毅中同志联系工作,登门拜访了逯先生遗孀罗筱蕖同志,表示中华书局仍愿承担整理出版该稿的任务。但在"四人帮"的"反右倾翻案"的干扰破坏下,出版社的规划一再落空,其家属也一直未把原稿寄交我局。直到 1977 年,"四人帮"粉碎以后,各项工作日渐步入正途,我局又与逯先生家属重议此事。

　　直至 1978 年 3 月,在逯先生的诸多师友如张政烺、阴法鲁、杨志玖等先生的推动之下,逯先生 1965 年编定的稿子总算又回到我局。我们在对原稿全面审读之后,按照处理遗稿的一般原则,决定不再请他人代为修订,只由编辑进行加工。我们决定此次只改正其明显错误,其体例和编次即使有不当之处,其考订、辨析即使有失实之处,均不再变更和删补,以免有违作者本意。总起来说,编辑加工包括如下几个方面:

　　一、改原稿名称《先秦汉魏晋六朝诗》为今名,因为"六朝"概念中含有吴和东晋,而吴又通常归于魏之内,不应重复使用。

　　二、据史传原始材料,纠正小传断句讹误,改正错字。

　　三、以《诗纪》复按全稿,并用《艺文类聚》,《初学记》、《太平广记》、《太平御览》、《文苑英华》、《乐府诗集》等核查引录之处,逐一校正卷次上的淆乱。

四、原稿断句模糊不清，既多遗漏，亦有破读，在发稿时重新以朱笔断句，并增加使用读（顿）号，以醒眉目。

上述做法，取得了作者家属的同意，可能也符合逯先生遗愿的吧。出书之后，学术界对我们这种做法的反映也是好的。当然，学术界交口称赞《先秦汉魏晋南北朝诗》一书的出版，主要的还是对此书学术价值的肯定，也是对作者数十年辛勤劳作的褒扬。作为唐前歌诗谣谚的总集，逯钦立先生的校辑本已远超出《诗纪》和《全汉三国晋南北朝诗》的水准，它的出版在文学史资料的纂辑上具有划时代的意义。

我们追述一本书稿的出版过程，并不是想说明编者做了多少工作，有多大贡献，而是想结合具体问题总结一些经验教训。首先，如果不打倒"四人帮"的统治，不清除极左思潮的影响，这部书的出版是不可能的。当时我们编辑工作者尽管有满腔热情，想及早出版这部有价值的巨制，但始终不能实现。现在，在正确路线的指引下，我们就要坚持执行双百方针，认真做好出版工作，努力发现和保护有价值的书稿，及时把科学成果提供给读者。其次，在编辑出版业务中，我们应该有什么样的作风？对于这部书稿，我们编辑部上下一心，通力合作，与作者密切配合，屡次认真地提出了改进意见；当作者逝世后，我们又尽力地代替作者作了必要的和可能的加工修订,这是我们编辑工作者应尽的职责。如果对已经发现的问题不加处理而付之出版,这不仅对读者不负责任,而且对作者也不是负责的态度。当然,必要的加工也还是不应作重大的变更,以免有违作者的原意。如何在具体工作中发扬中华书局的优良传统,还是需要我们继续探索的问题。

(《回忆中华书局·下编》,中华书局,1987)

谈《中国古典文学基本丛书》

程毅中

在历代古籍中,文学作品占的比例可能是最大的。按照传统的四部分类法,集部的书最多。《四库全书》收书 3461 种,其中集部书 1277 种(据中华书局影印本《四库全书总目》校记的统计),约占 37%,而且还没有把戏曲和通俗小说包括在内。不过集部书并不完全等于文学作品。清人章学诚《文史通义·文集》曾说:"三集既兴,九流必混。"他认为古人文集里有许多内容应该属于子部。另一方面,古人向来有大文学的观念,把文史哲各类著作都称做文学。到了南北朝时代,才有文笔之分,还不是分得很清楚。从《昭明文选》到《古文辞类纂》,都收入了一部分理论性或应用性的文章,也是作为文学作品来选的。1958 年,古籍整理出版规划小组在制定十年规划时,曾拟定了一个规模宏大的《中国文学基本丛书》的选目,共 390 多种,其中包括《论语》、《孟子》、《尚书》、

《春秋左氏传》等书，那就是沿袭了传统的文学观的。这个计划至今还没有完成。如果把原属经史子部的书剔去，也有200多种。这个任务相当繁重。

集部的书最多，可是前人的整理成果却相对地少。清代学者在古籍整理方面做出了很大贡献，但偏重于经史诸子，集部书则整理者寥寥无几。我们现在出版的情况也是如此。还是按四部分类法来作比较，史部的书有新校点的"二十四史"，当然是目前最好的版本；经部有影印阮元校刻的《十三经注疏》；子部有重印世界书局本的《诸子集成》，虽然没有经过校点，但总算都有一套比较完备而实用的丛书。而集部书则相对地少，出得零散，至今还很难配成一套比较完备而实用的丛书。

1977年，为了抢救十年浩劫后专业工作者和广大读者所遭受的"书荒"之灾，当时国家出版局曾主持草拟了一个《中国古典文学基本丛书》的方案，初步开列了120多个选题，指定由中华书局和人民文学出版社、上海古籍出版社分工合作，协同出版。后来古籍整理出版规划小组恢复了工作，重新制定了全国性的古籍整理出版规划。在新的条件下，各出版社以不同的名称和方式分别承担了这方面的选题。中华书局则仍以《中国古典文学基本丛书》的名称继续落实并修订原定的计划。

自 1979 年以来,《中国古典文学基本丛书》已经出版了34 种,大致可分为三类:

一、新注本:《说苑校证》、《阮籍集校注》、《搜神记》、《世说新语校笺》、《陶渊明集》、《高适诗编年笺注》;

二、旧注本:《楚辞补注》、《玉台新咏笺注》、《江文通集汇注》、《庾子山集注》、《李太白全集》、《杜诗详注》、《柳宗元集》、《苏轼诗集》、《陈与义集》;

三、点校本:《王粲集》、《陆机集》、《何逊集》、《杨炯集》、《卢照邻集》、《白居易集》、《元稹集》、《罗隐集》、《苏轼文集》、《曾巩集》、《清真集》、《山中白云词》、《徐渭集》、《顾亭林诗文集》、《王船山诗文集》、《戴名世集》、《船山诗草》、《古诗源》、《乐府诗集》。

这套丛书中大多数是别集,只收入了少数几种容量不大的总集。至于卷帙浩繁的总集,则中华书局另有一个专门的规划。如《全上古三代秦汉三国六朝文》、《先秦汉魏晋南北朝诗》、《全唐文》等,或用影印,或用排印,都已相继问世。收入《中国古典文学基本丛书》的书,能够组到新注的当然应该优先出版新注本,但是文学古籍的注释做起来颇非易事,不是一朝一夕之功。愿意承担注释工作的学者又往往是可遇而不可求的。因此新注本出得不多，而且已出的大多是采用了多年以前的存稿。对于少数杰出的大作家集，我们也已组织了几种新注本，准备编为另一套书。一时组织不到新注稿的书，自然要充分利用前人的成果，而且遇有多种旧注本并行时就要选取其后出而较为完善者，或者把各本加以汇集成为集解本。例如洪兴祖的《楚辞补注》、王琦的《李太白集注》、仇兆鳌的《杜诗详注》，都是早有定评而为研究者所必备的基本资料；《苏轼诗集》则以王文诰所编带有集解性质的《苏诗编注集成》为底本，又依据查慎行的《苏诗补注》、冯应榴的《苏诗合注》收入了四卷补编诗，并采用冯注的注文，汇为一编。旧注本中也有比较简陋的，如明人胡之骥的《江文通集汇注》，明知不够完善，但江淹集只有这一家注本，而且流传不广，见者极少，我们先把它印出来提供读者参考，同时也积极组织新的注本来取代它。

已出版的新注本，一般都是和校勘相结合的，有的书还包括了辑补、考证、集评的工作。如最近问世的《阮籍集校注》，是陈伯君先生的一部遗著，既充分吸取了前人的研究成果，又提出了许多个人的独到见解。校注者对《咏怀诗》作出了不少新的解释，颇具卓见；还对《乐论》、《通易论》、《达庄论》、《通老论》等文章，进行全面综合的研究，阐幽探赜，使读者对阮籍的思想能有深一层的理解。本书在校勘上也作了不少积极的尝试，既慎于判断，在抉择异文时都说明了依据和理由；又勇于是正原文的舛误，在互校各本之后择善而从，不拘泥于古本旧说。徐震堮先生的《世说新语校笺》也是一部富有特色的古籍新注本。作者旁征博引，总结了前人的许多成果，而又深入浅出，作了清通简要的笺释。尤为可贵的是对书中晋宋常语及名物之难晓者，辑为《世说新语词语浅释》附于书后，读者可得举一反三之益。诚如一位评介者所说："训诂之析疑解惑，考证之要言不烦，校勘之细致精核，句读之审慎不苟，不枉廿年之精力，洵为二刘之功臣。"又如向宗鲁先生的《说苑校证》，原是一部沉霾多年的遗稿。作者参校各本，博采群书，为《说苑》一书作了总结性的清理，功力极深。但作者"意在校其讹误，证其异同"，认为"本书文谊昭晰，待注而明者尠，蔓引《苍》《雅》，转同蛇足"，所以没有致力于文字训诂的疏通。作为一般的读本，似乎又稍感不足。只因本书在目前所见各家校注中最为详尽，因而也列入了丛书。

作为古籍整理，无论旧注本或白文本，都需要从校勘入手，力求文字无误，才能保证标点的准确，也便于在此基础上作新的注释。凡收入《中国古典文学基本丛书》的各书，一般都采用多种不同版本及有关文献资料，进行了认真的校勘。如果有佚文的话，还做了钩沉辑集的工作。如余冠英先生等整理的《乐府诗集》，用宋刻本作底本，既用汲古阁刻本作校本，又用有关各史的乐志、作家本集及《玉台新咏》、《唐文粹》、《艺文类聚》、《文苑英华》、《古乐府》、《诗纪》、《汉魏六朝百三名家集》等书参校，改正了原书的一些脱误，又在校记里提出了若干可供读者进一步研究的问题。又如孔凡礼先生整理的《苏轼诗集》，用清人王文诰的《苏诗编注集成》作底本，又用了十多种宋、元、明刻本的苏诗作了详细的校勘，其中有好几种古本是非常罕见的。新校本不仅改正了若干明显的错字，而且也列举了不少古本的异文。整理者还运用金石碑帖和著录金石诗文专著辑录了一部分佚诗，给读者提供了大量新的资料。同一位整理者校点的《苏轼文集》，也是在《东坡先生全集》的基础上，根据各种文献辑集了六卷佚文和一卷附录，成为内容最丰富的苏文全集。

有些集子则基本上是重新编纂的，如《罗隐集》、《徐渭集》、《顾亭林诗文集》、《戴名世集》等，把作家现存的诗文汇编成集，既收入原已结集的作品，也辑录了集外的遗文，就比旧传的本集更为详备了。至于某些早已散佚的别集，则作了重新辑校的工作。如《王粲集》的旧本缺失很多，整理者根据前人提示的线索重加钩稽校补,并在每篇作品下注明出处,便于覆核,使读者足以凭信。对于旧注本的整理,读者比较欢迎的是会校会注会评式的集解本。我们已经组织的有李商隐、吴伟业的诗集,不久即可竣事。文学古籍的整理,包括校勘和辑佚、辨伪等工序,都是必要的。今天我们能够见到前人所未见的许多资料,条件比前人优越了,理应做出新的成就,达到新的水平。

在《中国古典文学基本丛书》的编辑工作中,遇到了不少需要研究讨论的问题。

首先是选目问题。这套书的规模应该多大,哪些书应该列入,哪些书应该优先出版,这些问题曾多次讨论过,也曾制定了初步的计划,但没有最后确定和落实。在征求专家意见时,一般总是希望多列一些书,有人设想要比文学史教材上提到的作家作品还宽一些。有人提出不妨以《四部备要》中的集部书为基础,稍加增减。这样的设想在目前看来不免失之太宽。另一方面,《四部备要》的集部书共 142 种,其中戏曲只收了一部《元曲选》,小说家在子部里收了三种,通俗小说则在史部里收了一种《宣和遗事》。现在编为《中国古典文学基本丛书》,戏曲和通俗小说理应列入。那样的话选目就更广了。而选目的能否落实,还要考虑许多外在的因素。主观设想和客观需要可能不完全吻合。例如戏曲和通俗小说的名著已经有多种版本在流行，暂时似乎没有必要另出一种版本。而且实际的需要和可能也往往不一致，读者急需的书一时找不到适当的整理者，而已经整理好的书稿却不一定适应当前多数人的需要，又弃之可惜。因此这套书的出版不可能完全按计划进行。这种无心插柳式的选稿方法显然应该改变，而代之以有意栽花式的有计划的组稿。但实行起来却困难很多。再加以各兄弟出版社之间的信息交流不很及时，有时同一种书重复出版了相似的版本，而有的选题则互相观望，迟迟不敢动手。为了避免撞车，我们在确定选题和进行组稿时不能不瞻前顾后，小心从事。

从整理工作上看，问题也很多。集部书中可资借鉴的前人校注本比较少，就是一个局限。古籍的校勘几乎是一个无底的深谷。企图整理出一个新的善本，首先要选好底本，当然应该选用善本。从出版者的角度看，善本应该按照张之洞的说法：第一是精本，即有精校精注的；第二是足本；第三是旧本。而确定其为精本或足本，往往需要先作一番认真的调查研究。底本选定之后，还需广求校本。有时明知此书有较早的旧本存世，收藏在某处某图书馆，但不易得见，不用以校勘又不放心。有时即使能看到书，也不容许作仔细的通校。

类似这样的情况，是不是只能观望等待呢？再说，校勘的质量是很难用数字衡量的。譬如说，一部30万字的书，如果找到一个不同版本对校一次，就比通读30万字费力得多，结果可能只发现百把处异文，其中只有十几个字是胜于底本的。至于他校理校的工作费力更多，自不待言。像这样工作，往往令人感到得不偿失，是不是就干脆不做呢？

标点的情况也是如此。古书的标点是一项复杂而艰巨的工作，尤其是带旧注的集子，如果要保证质量，就要不惜时间去查对一些能查得到的资料，如引文的查证，人名、书名、地名的核实。如果点完以后再推敲一番，多查一些书，多请教一些人，或者请人复审一遍，也许还可以把精确度提高百分之几，可是这也是很费工夫的。

注释工作更是如此。无论偏重提高还是偏重普及的注本，都需要深入研究，认真查考资料，说不定在某个难点上会搁浅，在一个词语的解释上会耗费大量的精力。1987年9月在太原召开的古籍注释改革研讨会上，提出了不少有益的意见。比较一致的意见是古籍的注释应该多层次、多样化。但高层次不等于繁琐考证，释事忌义；低层次也不等于低水平，还是要深入浅出。总之，古籍的注释是一项科学研究工作，需要较长时间的积累，不可能是一蹴而就的。

《中国古典文学基本丛书》的读者对象似乎应该是中间偏上，专业化程度比较高的。因此并不是每一种书都需要加注释，但一定要给读者提供最大的方便，如内容的完备、校勘的精当、标点的准确，附有必要的参考资料及索引等，应该是一个实用可靠的版本。然而关于整理的要求还有不少具体问题值得研究。例如校勘的体例问题，如何确定校勘的详略，在什么情况下只校是非，在什么情况下可以校异文而不判断是非，这些问题很不易掌握，也不一定能定出一个统一的规格。这套书的编辑工作，遇到了不少问题，有待在实践中继续探讨。我们希望能和读者一起来讨论改进的办法。

（《守正出新——中华书局》，中华书局，2008）

回忆《李太白全集》的出版前后

冀　勤

1976 年初夏,中华·商务二编室接受了一项中央交办的紧急任务,即根据毛主席的要求和指示,点校出版李白集的大字本,这些大字本是专为给毛主席和中央领导同志看的,嘱印十三部分送。

当时具体抓这项工作的,是由军宣队指令从红旗越剧团分配到中华书局的方南生同志负责,他组织了我们七八个人,有程毅中、周振甫、褚斌杰、傅璇琮、周妙中、张烈和我等参加。

底本是早已确定了的,徐调孚先生曾来信说及此事,开始是由他与方南生、黄克先校点过一阵子。要印大字本时,又组织我们作了复核,将历来称颂的三家注(南宋杨齐贤注《李翰林集》二十五卷、元代萧士赟删补杨注而成的《分类补注李太白集》二十五卷和明代胡震亨注《李诗通》二十一卷)

与清代王琦注的《李太白文集》三十六卷作了比较，认为三家注都只注诗不注文，且杨注繁琐而有误，萧注繁芜而有漏，胡注虽对乐府诗注多有创见，然典实注得很少，都不理想，所以仍定以王琦注本为底本。因为它后来居上，集三家注之长，改正了误注，又补充了疏漏，引文虽稍嫌繁琐，考核亦欠精当，但注释体例谨严，还辑录了若干有关李白的资料，于是便在它的基础上更名为《李太白全集》加以整理。这些情况在《出版说明》中都有交代。

　　参加这项工作的七八人，每人分到的卷数不等，有几位同志每人只承担了一卷，我分到四卷，因是初次点校古籍，正在兴头之上。唐山地震波及北京时，我已将近完工。八月初的一天，方南生同志突然到学部大院我所在的地震棚来慰问，同时又带来两卷，说是其他同志因为地震造成困难而未做完的，改由我来做。当时我的有利条件是与钱锺书先生为邻，同住在学部大院七号楼的办公室里，又同在文学所搭建的地震棚下，仅隔几床蚊帐而已。钱先生很少到地震棚来，若碰上问题我还是常去宿舍向他请教，即便无书可查也无妨了。

　　八月份正是北京最为炎热的日子，《李太白全集》也全部点校完毕，领导决定由程毅中同志担任责任编辑，负责发稿。

为赶出书时间,由出版部交新华印刷厂照排。那时候使用照排机还是新鲜事物,它是根据一、二批简化字设置的,这就有了将简化字改为繁体字的需要,印刷厂要求出版社派人去照排车间盯班,排一页校改一页,把不可排作简体字的都改在校样上。于是领导指定由程毅中率周振甫、褚斌杰和我,共四人前去盯班。

印刷厂坐落在西城区车公庄。工作时间是早七点至下午四点。每天清晨,六十五岁开外的周先生得从朝阳区幸福一村赶去,老程和老褚得从海淀区翠微路赶去,我得从东城区建国门赶去上班。那时没有地铁,全指望公共汽车和电车,人多车少,往返换乘,其艰难可以想见。中午吃饭加休息共一小时,我们到厂门口的小饭铺里吃上一碗两毛钱的面条、炒饼或煮火烧,缓缓走回照排间已是下午上班时间了。

照排间是在二层楼上,里外两进,里面的大间是照排间,摆了几台照排机,都是二十几岁的女青年操作,她们大约受过中等教育,穿着一水儿的防尘衣帽,脚着拖鞋,十分精细的样子。外面是一小间,中间摆着一张高高的长条桌,玻璃台面下头装有几支日光灯,我们四人面对面地坐在高脚凳上伏案工作,开着灯,有时看校样,有时看底片,一天工作下来,唇干舌燥,眼花脚肿。这样一直干到 9 月 10 日下午三时多,突然高音喇叭通知全厂人员放下手头工作,紧急集合收听重要广播。四时整,哀乐声起,是毛主席他老人家不等看到《李太白全集》,便与世长辞了。这使我们深感悲痛与遗憾。

难怪在此之前,有天下午中央派谢静宜、迟群来新华厂,名曰看望参加这项工作的人员,实是来促战的。那天到了四点钟下班时,我们四人便开溜了,没有留下等待"接见",他们来催促我们抓紧时间早日出书,还是第二天知道的,想必那时毛主席已病重了。

在老人家仙逝的次日,我们便没有去印刷厂上班,军宣队特别恩赐叫我代表大家去人民大会堂与毛主席遗体作最后告别。这项工作就在看过几卷清样时,自动下马了。后来我一直没有见到这部大字本古籍的出版,可是据老程回忆他一直干到出书。时隔二十五年,如今一点印象也没有了。

工作总不能白干,熊国祯同志指定周先生担任铅排大32开本《李太白全集》的责任编辑,周先生在大字本的基础上撰写了《出版说明》,又做了补遗,我主动编了《篇目索引》,周先生便赶着发排出书了。这就是在中华、商务合并时,继《陆游集》之后,于1977年9月出版的又一部文学古籍。

1980年中华与商务早已分家,恢复了各自的出版业务,中华文学编辑室也恢复了原先的建制和工作,程毅中任室主任，他指定我担任重印《李太白全集》的责任编辑，且把此书纳入了《中国古典文学基本丛书》。我这个人有个毛病，就是发重印稿也要重读一遍，把发现的不妥，尽可能地在不太改动版面的情况下加以处理，从来不愿意闭起眼睛填个重印发稿单了事。我自以为这是应当负起的责任，但是这样做无形中给出版部挖改纸型造成麻烦，有时甚至还得罪作者，为此常使我感到困惑。

在发重印稿之前，我先征求周先生的意见，他说此书出版以后，发现卷三十拾遗的附录据黄锡珪《李太白年谱》辑的三篇文章补入是不当的，那不是李白的作品，应当删去。这三篇文章是：《建丑月十五日虎丘山夜宴序》天宝五年（载）作，从《四六法海》抄出；《冬夜裴郎中薛侍御宴集序》上元二年作，从《四六法海》抄出；《郑县刘少府兄宅月夜登台宴集序》天宝七年（载）作，从《图书集成·台部》抄出。黄氏所辑均注明出处，原来是早在明人王志坚和《图书集成》收录时，即已将他人的作品混为李白之作了，黄锡珪轻信了他们。而这三篇文章，正排在书中 1438—1442 页，如径直删去，势必要将此后的二百多页统改中缝和页码，目录、索引也得相应改动，太麻烦了，于是我决定以重辑的办法来撤换。可是当时借不到花房英树编的《李白歌诗索引》，那就只好单凭记忆像大海捞针一样搜辑了。

结果从《御选唐宋诗醇》中辑得《上清宝鼎诗》其一、其二，从《东观余论》中辑得同诗其三；从《唐诗纪事》中辑得《白微时募县小吏入令卧内尝驱牛经堂下令妻怒将加诘责白亟以诗谢云》一首，另有断句两则；从《千载佳句》中辑断句一则；又从《全唐文》中辑得《北斗延生经注解序》一文，恰好可以天衣无缝地撤换掉四页。至于李白是否还有其他佚作，我便无暇顾及了。至此，我才深深地松了一口气。告知周先生，他也为此而高兴。

不过静心想一想，以上处理真可谓幼稚得很，没有什么可得意的。重新整理排印的古籍，同样有版本问题，理应写一个重印说明，把附录补遗的撤换作个说明才是，现在只好借此机会把事情交代清楚了，望读者见谅。

2001 年 7 月 28 日

（《书品》，2002 年第 2 期，中华书局）

我和中华书局因陆游结缘

孔凡礼

一

1987年,当中华书局成立75周年的时候,我写了一篇题为《我和中华书局》的文章,收在该年出版的《回忆中华书局》下册。现在,当中华书局90华诞到来之际,我重温此文,觉得还有些话要说。

1956年,科学出版社出版了陈友琴先生的《白居易评述资料汇编》一书,引发了我试图编一部《陆游评述资料汇编》的兴头。

1959年8月3日上午,我携带《陆游评述资料汇编》等三稿,到文学研究所拜访陈友琴先生,先生热情接待了我,说资料汇编这类稿子宜交由中华书局出版,当即给中华书局俞筱尧先生写了一封介绍信。

这天下午,我带了陈先生的信和三部稿子,到东城东总布胡同,见到了俞老,俞老立即开了收据了。于是,我和中华书局从此结缘,具体说来,是由于陆游。

这年年底,中华书局派赵诚先生和我联系,我在单位宿舍里接待了他。赵先生说,当我送去《陆游资料》后不久,当时任北京市第六中学教员的齐治平先生,也送去了一部同题书稿,书局决定将二稿合在一起出版;由于我辑录的资料多些,决定以我的为主,以此征求我的意见。我立即表示同意。

一部稿子,这么快地就做出决定,我从心里感到中华书局对作者一视同仁,并不因为作者资望浅而有所区别。

不久,赵诚先生又和我联系了几次。一次,他叫我写两篇对所辑陆游资料内容介绍的文章(没有说是序言或前言)。我教中学语文,和中学生打交道,没经过写此类文字的起码训练。虽然我辑录陆游资料,研究陆游着实花去了大量工夫,但做一番综述还是感到有点难,还是尽自己的能力写了一篇交给他。

又过一些时候,赵诚先生送来一篇署名中华书局编辑部的《前言》。由此我知道,他前些时候叫我写的文字,原是为《前言》做准备。我看了这篇文章,不禁拍案叫好。这篇文章给我解了围,帮了大忙。后来才知道,这篇文章出自傅璇琮先生之手。在我写这篇回忆文字的时候,重温了这篇文章,和 40 年前一样,赞叹不已。这篇文章经往了时间的考验。

这篇文章主要谈陆游的诗,也谈了词、文、史学等,还谈了他的思想、艺术,综述全面。更为突出的是此文分析深刻,启发广大读者如何对待和使用这些材料,并且学会区别。陆游的爱国思想是公认的。傅先生说,宋人叶绍翁《四朝闻见录》中说陆游只是"探孝宗恢复之志,故作为诗歌,以恢复自期',和宋人林景熙说的陆游"意在瘝瘝不忘中原",有明显的区别,前者"歪曲"了陆游的爱国思想。傅先生又说清赵翼《瓯北诗话》中提到,当时有些人把陆游的爱国主义创作说成是"书生习气,好为大言,借此为作诗地",这是一种歪曲。包括我个人在内,还有不少人的思想认识,当时上不了这个层次。傅先生在当时,把握全局和驾驭这些材料的能力已达到了很高的地步。《前言》对全部陆游资料起到了统率的作用。

二

1960 年,我住传染病医院。1961 年,又因煤气中毒住院。1962 年,再次因为过滤性病毒,住了 20 多天医院。身体越来越虚弱,上不了课堂,只能做点辅助工作,总有点不安。这一年 10 月上旬的一天,校领导说西城区教育局办停薪留职。只说了这么一句，我却动了心，何不借此休养一段时间，于公于私都有好处。

我向领导说，领导劝我不要走得太远。跟朋友说，他们说这是十分危险的事，弄得不好饭碗都要砸掉，要慎重。

领导的意思，我不怎么明白。朋友的意思倒明白，但觉得这是危言耸听。我当时真是书生气满脑子，不懂得社会，以为"职"还在，就可以随时回来，就和现在所说的"来去自由"一般。殊不知根本不是这回事，后来的事实说明我真的几回险些砸掉了饭碗。在相当长的一段时间里，我齑盐三顿，殃及老娘，停薪以后经过九年又两月，工薪才得以恢复（这当然与"文革"动乱也有关系）。

现在把话说回来，我当时当然也有打算。我那时和赵元珠女士、沈玉成先生交往较多，知道《陆游资料汇编》改名为《古典文学研究资料汇编·陆游卷》，即可出版，我大约可得1400元稿酬。我生活简朴，短期内有保障。还有，中华书局正在有计划地搜辑古代著名大家的评述资料，这种形势对我有利。

有了这点底，于是不顾一切，一意孤行。1962年12月，开始停薪留职。

对于这件事，许多人认为我每月放着89.5元不要，放着医疗保障不要,不可思议,愚蠢到了极点。他们认为停薪留职就是自我砸饭碗。

这件事不知怎么传出去了,而且传的范围还不小。白化文先生在 1999 年第 2 期《书品》发表的《人间更有痴于我》一文,说我"为了苏轼","竟然自动摔掉铁饭碗",实际说的就是这件事。我那时还没有研究苏轼,而是研究陆游、范成大等等。一件事传说久了,出现一点细节上的不同,这也是常事。

白先生说我"是一位痴迷之人"。对于他这种对我的深刻理解,我十分感激,十分感动。长期以来,我痴迷于我国古代光辉灿烂的优秀文化。1963 年至 1965 年这几年,我用我自己的独特方式,争取到了一个窗明几净、一尘不染、不受任何干扰的环境,争取到了一个几乎是随心所欲地阅读包括一些宋刻在内所有的典籍的机会,我徜徉于斯,乐而忘返。这个独特方式,也算是停薪留职带来的好处吧。

我痴迷于中华书局所从事的事业。实际上,中华书局是我的支柱,精神的和物质的。假如没有中华书局这个支柱,我是无论如何也不会愚蠢到每月放着 89.5 元不拿的。

中华书局对我这样一个普通的读书人的魅力在于,除掉上面所说的她所从事的事业符合我的追求以外,还因为那里有一大批全国闻名的专家,还因为那里保持了以诚待士的优良作风。中华书局信任人，人亦以信任报之。

三

1963 年 10 月，《文史》第三辑发表了我的《陆放翁佚著辑存考目》一文。我得到了中华书局几位先生的帮助。

收入拙文的《解连环》一词，是王仲闻先生提示的。他那时正在参订《全宋词》。他对全宋词了然于心。可惜的是，拙文完稿后，没有请王先生审阅一下。拙文发表后，他一眼就指出，拙文中的《大圣乐词》，未必是陆游词，应加以说明。惭愧之余，对他更加敬佩。

收入拙文的与僧玘简八首，是傅璇琮先生提示的。傅先生几乎是用毫不经意的语调说到这八简，诚心诚意帮助人，而给人的印象却好像是说另外的事，闲聊天一般。他说话的那一刻的神情，虽然时间过去了近 40 年，但还是那么清晰。此八简见《金华游录注》。这是一本非常冷僻的书，足见他的涉猎范围多么广泛。

陆游佚文中，有几封书简，行体杂草体，十分难认。我到西长安街北京市书法家协会和东城锣鼓巷里面的中国书法家协会向一些书法家请教，解决了一些问题，有的还是解决不了。我找到沈玉成先生，沈先生带我到中华书局图书馆，向一位郝先生请教。郝先生上下端详了一会，立即指出，此为何字，彼为何字。我跑了那么多地方，请教了那么多人，问题都没有解决，没有想到，到了这里几分钟就解决了。上面说到中华书局人才多，此其证。这里是藏龙卧虎的地方。

（《我与中华书局》，中华书局，2002）

温馨的回忆，欣慰的纪念
——写在《王力古汉语字典》出版之际

熊国祯

　　1961年秋，我进入北京大学中文系。报到后的一天晚上，中文系在文史楼一楼的大阶梯教室里开迎新会，系主任杨晦先生以及王力先生、朱德熙先生等讲了话。王力先生亲切和蔼，笑容满面，他引述了《孟子·尽心》篇的一段话："君子有三乐，而王天下不与存焉。父母俱存，兄弟无故，一乐也；仰不愧于天，俯不怍于人，二乐也；得天下英才而教育之，三乐也。"王先生引用这段话，既表达了他对我们这些一年级学生的殷切期望，也抒发了一位老教育家内心深处的喜悦豪迈之情。这是我第一次当面聆听王先生的教诲，留下了终生难忘的印象。

　　开学不久就划分专业，我被分配到古典文献专业。古代汉语课是我们专业最重要的基础课，所用教材就是王力先生刚刚主编完成的四册一套的《古代汉语》。当时铅印本还未出来,我们用的是腊纸刻印的讲义。陈绍鹏先生给我们讲课,他讲得很细致,深入浅出而富有启发性,时刻提醒我们注意辨析词义,注意词义的时代性和发展变化,确切地了解词义,避免囫囵吞枣似是而非。陈先生的教学特点不是他个人的创造,而是体现了王力先生领导的《古代汉语》教材编写组的一贯作风和鲜明特点。新教材所采用的范文讲读、常用词和文化通论三结合的教学模式,使我们受益非浅。它提纲挈领,重点突出,以感性材料和理性归纳相结合,使我们阅读古书的能力得以迅速提高,也培养和启发了我们自己动手解决疑难问题的治学能力。

我们这一届古文献专业虽然不如五九级那样多由校内外著名的专家教授直接授课,而是多由中青年老师讲课,但综合复习或解答疑难时,仍请权威的老教授出场。我记得王力先生给我们讲过两小节专业课。铃声一响,王先生就精神抖擞地准时站到了讲台后面,开口即切入正题,没有一句废话。他字句清晰,条理分明,逻辑严密,不紧不慢,整个讲课如行云流水一般轻松自然。最奇妙的是他掌握时间能分秒不差,课程内容讲完了,正好下课铃响,既不需要拖堂,也不需要磨时间等下课。听这样内容饱满而时间紧凑的课真是一种享受，这是只有王力先生这样竭诚敬业而且富有教学经验的老师才能创造出来的一种艺术境界。

有一次，王力先生陪同叶圣陶先生给我们讲写作课，两位老先生你揖我让彬彬有礼的亲切劲儿，至今仍历历在目。叶圣陶先生讲课内容十分丰富精彩，为了节省时间，凡是叶老讲到古诗文的地方，王力先生就主动替叶老写板书。当讲到杜甫的绝句"两个黄鹂鸣翠柳，一行白鹭上青天"时，叶老的口音使"黄鹂"和"王力"的声音显得十分接近，而眼前两位老先生珠联璧合的辛勤讲授，不正是一幅极富联想情趣的诗意画面吗？

毕业以后，我被分配到了中华书局。王力先生的《诗词格律》、《古代汉语》、《汉语史稿》、《汉语音韵》、《康熙字典音读订误》等著作，不仅极大地推动了传统文化的普及与提高，创造了崇高的学术声望与品牌效应，而且给中华书局带来了可观的经济效益。《诗词格律》虽然只是一个薄薄的小本子，但它在传播优秀文化、保护民族传统、养育民族精神、推进文化积累和学术进步等方面所发挥的潜移默化的巨大历史作用，绝不是上百万册的印数和相应的销售码洋及利润数字所能反映得了的。《古代汉语》通用教材及其科学实用的教学体系，培养教育的又何止一两代人！

王力先生还对书局创办的《文史知识》杂志给以特别的关怀和鼓励。《文史知识》创刊两周年时，王力先生题诗一首，鼓励年轻人"读书要有凌云志，拾级攀登泰岳巅"。1985年当《北京晚报》举办"最佳杂志大家评"活动时，王力先生亲笔写了《我投〈文史知识〉一票》，满怀热情地肯定《文史知识》杂志既介绍了文史知识，又进行了爱国主义教育，内容丰富而又系统，还赞扬编辑不辞辛苦，组织大专家写小文章所体现出来的事业心。王力先生的亲切鼓励，至今仍是激励我们努力办好杂志的精神力量。

　　令人感到欣慰的是：在王力先生百年诞辰纪念之时，《王力古汉语字典》终于出版了。这是一部寄托着王力先生的理想的字典，是其词典编纂理论的富有总结性和开创性的卓越实践的成果，是他临终前力疾未竟的遗作。王力先生独力完成的子丑寅卯前四集是他学术生命耀人眼目的最后闪光。王力先生1986年5月3日辞世以后，原来在他身边工作的六位助手受老师嘱托，续写完成了后面的八集，续写部分从指导思想到编写体例也都是遵循王力先生的。这六位先生都是教授，而且好几位属于目前语言学界某一方面的领军人物。同是王力先生的学生，同样有很高的学术造诣，但在研究重点、业务专长和对师说的继承和发扬上，各人又有自己

223

的风格和特点。有的全面,有的专精;有的长于文字训诂,有的长于音韵;有的精熟于汉语史,有的在词书编纂方面经验丰富……他们共同为完成先师的遗命而做出了艰苦的努力。编写组集体的顽强奋斗和出版社编辑的坚韧执著结合在一起,使字典避免了"人存事举、人亡事废"的不幸命运,使原本可能搁浅的"半截子工程",在十五年后终于得以圆满竣工。这是一件了不起的事情。在利欲横行、人心浮躁、突显个人价值、消解集体意识的风气笼罩下,这些老一辈的知识分子和人文学者,以其尊师重道的崇高精神境界做出了弘扬民族优良传统的壮举。他们不愧是王力先生的优秀弟子。

《王力古汉语字典》刚刚出版不久,它的价值和意义还有待于社会检验、读者评判。不过,做为一名出版工作者,我深信,随着时间的推移,这部字典在我国词书编纂史上做为一座历史丰碑而存在的价值和意义将日益为人们所深刻认识。王力先生在《序》里讲到的八个特点是从多年理论研究和实践经验中总结出来的精粹之言,是贯穿全书的生命血脉。王力先生说:"我写这一部字典,力求释义明确,特别注意词义的时代性,以及本义与引申义的关系。"

《王力古汉语字典》是一部老教育家编写的字典,时时处处都体现着方便学生的良苦用心。世面上不少字典都以义项繁富取胜,仿佛越是义项多就越能表现字典之大、水平之高。王力先生却着意扩大词义的概括性,对许多随文释义的具体训诂资料加以整理归纳,消化提炼,并且重视本义和引申义的联系,努力理清不同义项之间的引申发展脉络、结构层次和内部逻辑关系。他写词条一般都是由本义到近引申义,到远引申义,到假借义,使复杂纷纭的众多义项之间的关系变得纲举目张,易于掌握。选字选词注重常用字词。在释义中突出基本义项、常用义项,将冷僻义剔出,列为"备考"。树立语言发展的历史观点,严格注意词义的时代性,无论注音、释义还是列举书证,都注意贯彻这一基本原则,努力克服一些庞杂繁琐的大型词书所常见的本末倒置、先后失次的毛病,大大提高了字典的科学性。言简意赅的部首总论,有利于读者提纲挈领。同义词辨析则帮助读者深入贴切地掌握字词意义和彼此间的细微差别。标明古韵部,注明联绵字,列举同源字,多方面地丰富了读者的汉语史知识。总之,《王力古汉语字典》的出版必将把有关古汉语字典词典的编纂工作推进到一个更简明实用更严谨科学的理性自觉时代,一个总体水平更上层楼的时代。薪尽火传,大师逝去之后,将他未竟的事业发扬光大,这是最重要的纪念。

今年 7 月 6 日晚上,王师母夏蔚霞先生请字典编写组的

同志和出版社的有关编辑吃饭,以示感谢和庆贺。我利用午休时间匆忙撰写了一副献给王师母的对联:

　　　　字斟句酌,简以驭繁,蔚然成风矣;

　　　　典立型成,多而能壹,霞光映日哉。＊

班门弄斧,词句生硬,不过借此聊表寸心而已,它简略地表达了我对这部字典的初步评价。

2000 年 8 月 15 日

＊这副对联写于 7 月 6 日,即庚辰年夏小满前一日。上下联首字嵌"字典"一词,第九字嵌王师母名"蔚霞"。"多而能壹"指字典最后成于众手,续写部分各有特色,但总的方面还是统一于王力先生拟定的体例。

　　　　（《书品》,2000 年第 6 期,中华书局）

不得不说的话

——关于"新编诸子集成"

张继海

写下这个题目的时候,我的心情很复杂,感觉手中的这枝笔非常沉重。虽然平常早已习惯了用电脑写东西,但是上班时间诸事纷扰,根本静不下来,哪里有时间对着电脑写文章呢? 可是我已经答应了梁彦,不得不写,所以只好挪到周末,在这个白雾蒙蒙的周六下午,我摊开久违的方格稿纸,找出那枝自从搬进新居就再也没有用过的黑色钢笔,开始写这篇命题作文。

提笔在手,思绪万千,但是又不知从何说起。思前想后,那就从最近的"新编诸子集成"出版座谈会开始吧。2009 年 10 月 20 日,中华书局邀请专家学者搞了一个出版座谈会,庆祝"新编诸子集成"正编 40 种全部出齐,并宣布启动续编的项目。与会学者充分肯定了"新编诸子集成"的成绩,也提出不少有价值的意见和建议,老编辑还简要介绍了这套书的编辑出版情况,我听了很受鼓舞,也很感动,我相信哲学室的同志和我都有同感。在座谈会举行的前三天,我看到了老领导熊国祯先生为座谈会专门准备的书面发言。熊先生在回顾这套书的出版过程和学术意义之后,讲到他深为承担这套书出版工作的哲学编辑室感到骄傲,又深为古籍编辑所处的现状感到忧虑,呼唤在管理政策上能有所调整。读到这里(发言的临近结尾处),我一阵心酸,眼泪瞬间流了出来。我不记得上一次流眼泪是什么时候,大约至少在十年八年以前吧。在这个竞名逐利、适者生存的时代,流泪是软弱和无能的表现,只会遭人鄙弃,而我居然流泪了。那天也是一个星期六,我去单位加班,处理前两天积压的两部走发稿程序的书稿,还有几件与筹备座谈会有关的事,天近黄昏,才开始看熊先生的这篇发言。熊先生是从哲学室出来的,作为书局的副总编辑,曾经长期分管哲学室的工作,知道里面的辛苦。"新编诸子集成"正编 40 种(其实是 40 个书号,实际共 42 种,64 册),哪一种容易?哪一种不是编辑一点一点打磨"熬"出来的?从 1982 年丛书设立到现在是二十七年,从 1958 年第一本书《墨子城守各篇简注》出版到现在则已逾五十年!有些话没法说,只有亲身经历过才能体会。熊先生是

《新编诸子集成》

老前辈，他经历过，他的文字触到了我心中最脆弱的地方，所以我才在毫无准备的情况下突然掉下泪来。事情过去恰有三个星期了，但那情景还会不时蹦出来，打破我心中的平静。

我真正接触"新编诸子集成"，是从1996年到北大历史系读研究生开始的，我学的是秦汉史。导师跟我说，搞中国古代史，要先打好文献的基础，责令我从读前四史开始。正史之外，还要旁涉杂史和群经诸子，所以就比较留意战国秦汉的诸子著作。买的第一本"新编诸子集成"中的书是《白虎通疏证》，现在这本书还在我的架上，扉页上写着"九六、十、十三于九折书屋"。九折书屋是当年在北大二体地下的一间书店，现在已变成了复印部，但当年买书的情景犹能依稀记得。因为要在正史之外尽量扩充治秦汉史的文献资料，所以像《白虎通》这样的书毫不犹豫就买了。后来常去逛的书店是万圣和海淀图书城，先后买了六七种，重要的有《春秋繁露义证》、《盐铁论校注》、《颜氏家训集解》等，还为在图书城的中国书店淘到一本打折的《列子集释》而高兴了好几天。《荀子集解》是1999年3月2日在万圣书园买的，那时万圣还在大成坊，正七折处理一批书。我挑到的《荀子集解》，上下册不是同一个印次的，上册的版权页定价是26元，而下册的定价为28元。结账时我向收银员提出此问题，她很痛快地说可以按 26 元的定价结算，我颇为惊喜，所以这件事至今记得很清楚。那时候虽然穷，但买书时很大方（不像现在，现在比那时有钱，却不大肯花钱买书了），买回来以后还真读。那时的感觉，就是这套书文字可信，资料全，用起来心里踏实。后来写论文，有时用到了这里面的材料，注释中便注出引文的版本出处，好像这样可以提高文章的水平和成色。

到中华工作以后，有好几年并不和这套书直接打交道。那时我和王景桐先生在一间办公室，他常常负责"新编诸子集成"的重印，查档案，标出修订之处，填单子，这些我都看见了，我知道这是一套常销书，但也是经过不断修订才形成今天的品牌。

2007 年，我从历史转行到哲学，接手哲学室的工作。由于前几年部门调整，哲学室的工作荒了不少，我光是熟悉情况，与老哲学室的很多作者和书接上线就花了不少工夫。哲学室在中华书局历来是小室，人不多，但职责重大，承担了"经史子集"中经和子（含佛、道）两大块的古籍整理与学术著作出版。对哲学室的情况了解得越多，我对前辈老编辑们的敬意也越深。哲学类古籍往往专业性很强，处理起来难度很大，而我们的老编辑大都不是科班出身，但硬是为中华创下了一大片基业，像"十三经清人注疏"、"新编诸子集成"、"理学丛书"、"中国佛教典籍选刊"、"道教典籍选刊"等，还有荣获国家图书奖荣誉奖的《中华大藏经》。作为一名后来者，要守护好这片基业，并能深根固本，使之滋养发荣，这是多么神圣的职责！每念及此，我都心有惴惴，惧辱使命。

翻阅书稿档案才知道，早在上世纪90年代末，也就是十多年前，书局领导就希望"新编诸子集成"能尽早出齐。当时是毛双民先生负责哲学室的工作。除了几部在制品正抓紧推进，问题不大外，最大的障碍是没有合适的《吕氏春秋》整理本。当时局里有一部稿子，但是问题太多，只好想别的办法。与王利器和陈奇猷先生也联系过，但进展不大。到2007年时，整套"新编诸子集成"中只剩下《老子道德经注》和《吕氏春秋》没有出。经过研究，我们采用了先易后难、各个击破的办法。先是征得楼宇烈先生同意，从《王弼集校释》中把王弼《老子注》的部分抽出单行，略加修订，定名为《老子道德经注校释》，填补了一项空缺。此举并非权宜之计。事实证明，楼先生对王弼《老子注》的整理研究，至今在学界无有能出其右者（相对于文学和历史两个学科，很多中青年哲学专业的学者不太重视文献整理的工作，所以近些年哲学古籍的整理研究进展缓慢，这应该引起有识之士的警醒）。此书自2008年12月出版，到今年10月已印刷3次，全部

11000 册均售出。这在我局近年出版的古籍书中是不多见的。对于最难啃的《吕氏春秋》，我们决定快刀斩乱麻，另起炉灶，选定了许维遹先生的《吕氏春秋集释》。此书成于1930 年代，在当时即获得冯友兰、刘文典、孙人和等名学者的高度评价，虽然它不及后来的几家著作宏博，但是去取精严，反无芜杂繁缛之病（许维遹先生曾任西南联大文学院教授，著有《韩诗外传集释》，与郭沫若合著有《管子集校》等，旧学功底是极深的）。书选好了，找谁整理呢？这时我得到了梁运华先生的帮助，他慨允承担点校之役。梁先生是哲学室的老主任，了解"新编诸子集成"的情况，也深知《吕氏春秋》一书的关系重大。他白天上班做编审的工作，晚上加班点校此书，大约半年多就完成了。随后是编辑加工、发稿、录排、校对、编辑处理校样。为了赶时间，让它早一点出版，我尽可能利用了上班以外的时间，8 月份去北戴河休假时还带了一摞校样。9 月 24 日，我见到了《吕氏春秋集释》的送审样书。当把这书拿在手上时，我怔了片刻，看着它的书名，觉得既熟悉又陌生。这就是久缺的那本《吕氏春秋集释》吗？它居然在我手上做出来了，简直有点不可思议。问题的关键是，它已经不是简单的一本书，而是凝聚了几代哲学室编辑的牵挂——这部让人费心劳神的《吕氏春秋》，真是不知该说什么才好!

在见到样书的第二天或第三天,我通过 MSN 给发行部的同志发了一篇东西,大意是告诉他们"新编诸子集成"已经出齐。因为临近国庆,搞得很像"喜报",大红的标题是:《新编诸子历时卅载广纳百家垂型万世——热烈祝贺〈吕氏春秋集释〉出版暨"新编诸子集成"完美收官》。对于这个标题,我是很得意的,自认为对仗工整,很切题,嵌的字也很巧。文章简要介绍了"新编诸子集成"的编辑出版情况,写得很有激情,有点国庆献礼的味道。有些时候,人是需要有激情的,比如那一刻的我就是这样,但是我的脑子很清醒,我相信自己对这件事情的判断。历史将记住这一刻! 如果中华书局可以不朽,那么"新编诸子集成"必将不朽!

在纪念"新编诸子集成"出齐的时候,最应该受表彰的一个人是中华书局原副总编辑陈金生先生。是陈先生策划设立了"新编诸子集成"这一丛书(还有其他几个丛书),并在发现作者、组织选题等方面用心良多,居功至伟。已经有好几次了,在与老作者或作者家属打交道时,他们都向我提起陈金生先生,感念之情溢于言表,甚至隔着电话都能感觉到。遗憾的是,陈先生因为身体原因不能参加出版座谈会,又蛰居通州,离书局很远,来一趟不容易。在座谈会之前,我打电话过去,请栗老师转告他"新编诸子集成"出齐的消息,让他高兴高兴。

　　最后解释一下这篇文章的题目。"不得不说的话"有两层含义:第一,回顾介绍"新编诸子集成"的出版历程,原本轮不到我说话,但是各种原因逼得我必须站出来说,情非得已,所以是不得不说;第二,"新编诸子集成"因其时间跨度之长,涉及学者著作之多,编辑出版过程之艰辛,学术影响之大,在它出齐之时,总要向关心它的读者有所交代,所以也确有一些不得不说的话。可惜因为我来中华太晚,了解的东西不多,所以只能谈一点自己的亲历和感受。这是一篇不合格的作文,辜负了很多人的期待,所以请大家原谅。但是话说回来,我从当年一个读书求学的青年,到现在成为中华书局哲学室的编辑,跟"新编诸子集成"总算有一些书缘,今天说的话,从某方面说应该也能代表一部分朋友的心声吧。关于"新编诸子集成"还有很多鲜为人知的故事,像那天座谈会上高明先生讲他做《帛书老子校注》的经过,在场的所有人都听得兴致盎然。希望老作者、老编辑和知情人有时间可以把他们的故事讲出来,为出版史和学术史留下一份珍贵的资料。

　　　　　　(《书品》,2010 年第 1 期,中华书局)

二十六年间

——记《大唐西域记校注》的出版兼怀向达先生

谢　方

　　　　慈恩顶骨已三分，西竺遥闻造塔坟。

　　　　吾有丰干饶舌悔，羡君辛苦辍遗文。

　　　　　　　　　　——陈寅恪《甲辰春分日赠向觉明》

　　这是著名史学家陈寅恪先生于 1964 年春赠向达先生的一首诗。所谓"辍遗文"，指的就是从 1962 年起向先生致力于整理研究《大唐西域记》一事。当时向先生久仰陈先生在佛学和梵文方面的造诣，特地从北京专程到广州中山大学陈先生寓所请教《西域记》中有关佛学和梵文的问题，故诗中有"吾有丰干饶舌悔"之句。二位学者不远千里相会，共同切磋学术问题，一时传为佳话。现在，陈、向二先生早已作古，而由季羡林等同志新校注的《大唐西域记校注》最近已由中华书局出版。我是此书的责任编辑，亦是二十六年前向先生等着手整理此书的联系人，抚今追昔，感慨良多！最近有一些同志常向我问及新校注本和过去向达先生、章巽先生等整理此书的关系，因追忆其事，写成此文，并作为对已经辞世的前辈向达先生的怀念！

《大唐西域记》是唐代高僧玄奘游学印度归国后写的关于中亚和南亚历史地理的名著。但此书长期以来，在国内却很少有人进行系统的整理研究，更没有一个比较完善的点校本和注释本。而在国外，特别是西欧和日本，早已有好几种不同的译注本和大量的研究论著发表。因此，解放以来，整理出一个完善的《大唐西域记》校注本，是许多学者的共同愿望。

最早提出整理《大唐西域记》的是北京大学历史系的向达先生。1958年，向先生拟定了一个《中外交通史籍丛刊》计划，共收录古籍四十二种，准备陆续整理出来交中华书局出版。所列的第二种书，就是《大唐西域记》。当时我是向先生《蛮书校注》一稿的责任编辑，经常拜访向先生，并向他求教；我们的总编辑金灿然同志就让我担任这套《丛刊》的责任编辑，与向先生联系。当时向先生正在整理《西洋番国志》、《郑和航海图》和《两种海道针经》三书。《西域记》工作量较大，他要留待以后再进行。

不久，1959年4月，金灿然同志收到中华书局上海编辑所主任金兆梓的一封信，信中说：

> 日前章丹枫（即章巽）、范祥雍两同志交来整理《大唐西域记》计划一份，我已略读一遍，似与尊意尚为相符。章、范两同志并面称志在超过国际水平，不仅赶上国际水平也。……（摘自中华书局业务档案卷，下文所引未注明出处的材料，均摘自业务档案卷。）

金兆梓的信中并附有章、范两先生整理《西域记》的计划一份。灿然同志即征求陈乃乾先生和我的意见。陈先生完全同意接受此稿，我也觉得向先生当时尚无力顾及此书，即使将来愿意搞，也可采取共同协作的形式进行。于是灿然同志便决定接受章、范二人约稿，并把他们拟的《西域记》整理计划打印出来，分别向各大专院校及研究单位、专家征求意见，很快便得到了各方面的热烈支持。1959年底，我们便将章、范两先生的《西域记》校注本列入组稿计划，并预定于1962年发稿。

与此同时，1959年7月范祥雍先生曾就《西域记》的整理问题到北京来拜访向达先生，向先生当时也表示愿意支持章、范两先生的工作。他在给中华书局编辑部的信中说：

> 我所藏关于《西域记》的材料不多，已同范祥雍先生

谈过。他们如果认为有用，我都可以奉借。

由于向达先生当时仍被错划为"右派"，像整理《西域记》这样复杂繁重的工作，没有校方领导的布置和支持，不能贸然进行。当时他整理《西洋番国志》等书，也是经过系领导同意的。灿然同志曾对我说：向先生的稿子来了，可以加工付排，付型后先放着，待他帽子一摘，我们就马上付印出书。果然，向先生在1961年"摘帽子"后，他的《蛮书校注》和《西洋番国志》、《郑和航海图》、《两种海道针经》等四种书很快就出版了。

可是，在1961年1月间，北大历史系又向我们提出了一个整理《大唐西域记》的计划。现将当时系主任周一良同志给金灿然同志的信摘录如下：

关于《大唐西域记》，我们成立了一个小组（包括向达、邵循正、季羡林、邓广铭和我），由向达提出了几点初步意见，并就几个问题进行了讨论。汇报如下：

一、关于校注的要求，我们认为应当超过所有外国的译本，表现出我国学术水平，体现批判继承文化遗产和古为今用。

二、关于注释工作，我们认为应当在吸收中外学者已有成果之外，还有新的成就。苏联和印度学者关于中亚和印度的考古发观,足以与本书相印证的,都应当吸取。

五、范、章两先生原定计划是六二年完成,我们考虑仍旧以此期限为目标,争取提前……希望和范、章两先生联系,了解一下他们的校勘工作进展情况,有些已作的工作不便重复。请中华召集一个会,北大同志之外,请周叔迦(佛教会)、石峻(人大哲学系)、夏鼐(考古所)、贺昌群(科学院)等参加。

对于北大历史系提出的这个计划,我们很快就赞同了。这主要是不但校注阵容强大,而且完成时间也能提前。我们同时有了南北两个约稿对象,既可以出二种本子,必要时也可合起来出一种。我们当时完全过高估计了北大组织的集体力量。其实,除向先生外,其他诸人都各有自己的研究工作和社会工作,很难抽出来搞《西域记》的校注,而南北合作,事实上也存在很大的困难。意外的是,很快又收到章巽先生的覆信:

今承告贵局决定委托北京大学历史系主持其事,甚表赞同,以后如有需要协助之处,凡力所能及,自乐于从命。

于是,原来是向先生支持章、范两先生搞的,现在变成了章、

240

范两先生支持北大搞。而北大历史系除提出计划外，却久久无行动，会也没有召开，只有向先生一个人常向我发点牢骚，说工作开展困难，没有资料，无法单干下去。实际上当时高等学校正在"拔白旗"，开展对资产阶级思想的批判，谁还敢闭门搞古籍整理呢？上海章、范二先生因不了解北大的情况，工作也停顿下来，因此，原来希望南北两家共同整理《西域记》的可喜局面，到了1962年，实际上已濒于流产。

以上是整理《大唐西域记》的第一个阶段。

1962年，随着《蛮书校注》等书的陆续出版，向先生的精神也振奋起来。这时他又向我们提出他酝酿已久的整理《西域记》的三步计划，并决心以余生的精力独自来完成它。他在1962年5月给中华书局写了一个报告，就提出了这一设想：

一、关于影印本问题（即将现存的敦煌残卷本、福州藏残卷本和赵城藏残卷本三个古本《西域记》辑在一起，加上序言，予以影印出版。略）

二、关于底本和简注本问题。简注本除本文详细校正，分段落加标点外，并于费解的辞句、典故、古代地名、宗教派别等等，与以简单的注释，附带地图以表明玄奘的行程，并将道宣的《高僧传》中的玄奘传作为附录，以供一般读者参考之用。《西域记》本文约十万字,简注本大概有二十万字。

三、关于详细的校注问题,这个问题比较复杂些。既有批判继承问题,也有推陈出新的问题;既要总结过去的成绩,也要反映出今天的研究水平。

向先生提出了要搞影印本、简注本、详注本三种本子,我们当时是完全予以支持的。在 1965 年以前,他差不多主要就是搞影印本和校勘标点本的工作。1963 年,他在北大历史系与中文系合办的讲座中主讲《玄奘和大唐西域记》一课,并将他收集的有关玄奘和《西域记》的资料,在教室内举办了一个小型展览会,共展出文物图片四十余件,很受学生欢迎。其后,为了查阅资料方便,向先生只身移居西四广济寺中国佛教协会内,专心致志地从事《西域记》版本校勘工作。1964年春,他又自费专程去广州拜访陈寅恪先生。1964 年夏,三种古本残卷的影印辑编工作首告完成,向先生撰写了《前言》,由佛教协会王德鹏先生送到中华书局。

可是,时机又一次不利。1964 年,已经在全国开展"社会主义教育运动","以阶级斗争为纲"的口号已经占领了各个领域。下半年,学术界的气氛也顿时严峻起来。作为敏感部门的出版界,在"政治第一"的口号下,更警觉起来。我向

金灿然同志汇报了《西域记》影印稿完成的情况,他马上把影印稿和前言要了去,亲自审阅。过不了几天,他就作了如下批语:

> 从向的序文看,赵城藏本和福州藏本似乎都没有太大的价值,要不要印,需要研究。向的序文有些说话可以研究。又如称伯希和、羽田亨为"教授",称玄奘为"法师",等等。此外向的序文还谈到苏联科学院拍摄敦煌卷子的事,批评了苏联,这段话,涉及国家关系,是否要写上,怎么写,也须郑重。

这个意见使我很为难,因为以此为拒绝出版的理由,是不够充分的。同时如果影印本被否定,势必影响到向先生整个《西域记》整理计划。我和古代史编辑组组长赵守俨同志商量后,又写了一个报告,提出了内部出版少量印行的办法。但领导上几经研究之后,仍是觉得以暂时不出版为好,要我找向先生委婉地说明原因;另写了一个书面意见退稿给佛教协会。大约 1964 年 10 月间,我到北大燕南园向先生寓所向他陈述了中华书局的意见,并希望他校注的工作仍旧继续进行下去。他那无可奈何的表情使我至今记忆犹新。在平常我去看他时,他总是娓娓不绝地向我谈中外交通史研究上的一些问题和他的看法,使我从中得到不少教益。但这次谈话却引起了他的满腹牢骚：没有助手帮助抄写、找资料；到图书馆查阅资料困难重重，很多外文书不出借；国外的研究状况很不了解，等等，研究工作真是寸步难行。他又说目前搞版本校勘，尚可应付，以后要开展注释，真是无从下手。我只能安慰他将来情况总会好转的。可万万没有想到，更严重的打击还在后面。到了 1965 年，已是"文化大革命"前夕，中华书局业务停业。向达先生在北大也不可避免受到冲击折磨，终于在 1966 年 11 月因病去世。整理《大唐西域记》的第二阶段，自然也就"寿终正寝"了。

"野火烧不尽，春风吹又生。"十年动乱之后，学术界和出版界又逐步恢复了工作。1976 年下半年，中华书局整理出版的"二十四史"工作接近尾声的时候，整理《大唐西域记》又重新被摆到日程上来。从 1976 年到 1985 年，就成为整理《西域记》的第三阶段。

我是 1975 年初回到北京后才恢复工作的。在重新拟定《中外交通史籍丛刊》选题计划的时候，我自然而然地想到《西域记》的整理出版。但哪里去找整理者呢？"物换星移几度秋"，我的信心不大，只有从调查研究入手。

我首先到上海拜访章巽先生。章先生告诉我一个令人兴奋的消息："文化大革命"中，他在家中仍坚持做《西域记》

的点校整理工作,目前已经完成,交上海人民出版社准备出版。他还说出版社认为他的校勘太繁琐,大部分要删去。对此他非常不满。他愿全力支持中华搞一本详细的校注本,并愿将他的全部校勘记交给我们参考。他还介绍了范祥雍先生的情况。于是我又去找到范先生,范先生曾校注过《洛阳伽蓝记》,对版本校勘素有研究,在"文革"中被抄家后,一家人住在一小间屋子,仍受着街道居委会的"看管",生活非常艰苦。他希望我们能帮助他摆脱困境,以便为校勘《西域记》尽力。后来我又到广州拜访了朱杰勤先生、周连宽先生和金应熙先生,他们都非常支持校注《西域记》工作,并愿意为此出力。这增强了我的信心。回京后,我又走访了孙毓棠先生和历史研究所的一些同志,使我逐步形成了一个想法,即借调外地一些同志,加上北京的一些同志,组成一个《西域记》的校注工作班子,用集体的力量,花两三年时间,整理出一个《大唐西域记》的详细校注本。这不但是必要的,也是完全可能的。我的设想得到领导的支持,遂于1977年开始筹备这一工作。

筹备工作包括三个内容,即确定人选、拟定计划和准备资料。首先是确定人选,这时我在北京又物色了张广达、耿世民、蒋忠新三位同志。他们都是专攻中亚和南亚历史、语言的中年学者,而且都愿意为整理《西域记》而贡献自己的力量。王利器同志则向我推荐在成都农机学院教英语的张毅同志,谢天祐同志则向我介绍上海教育学院的杨廷福同志。于是我又专程到成都和上海拜访了张、杨二同志,准备借调他们来京工作;并准备聘请范祥雍先生来京任中华书局特约编辑。这时,有关中亚、南亚历史、地理语言和宗教、辞语、校勘等各方面的专家都齐备了,但还缺乏一位能负起全书定稿责任的,具有多方面学识的专家。最后我们决定邀请北大东语系主任季羡林同志。我带着出版局的公函,经北大校方领导同意后,就去找季先生。在"文革"前我和季先生就有过接触,这次承他一见如故,慨然允诺。我大喜过望,决心也下定了。

与此同时我们就拟定整理计划,借调杨廷福、张毅二同志来中华书局,并请张广达、耿世民、杨廷福三人写出卷一、二的部分样稿,广泛征求意见。又请傅振伦、姚鉴二同志分别收集西、日文有关《西域记》资料,我收集中文有关《西域记》资料,编成一本《西域记研究资料索引》。1978 年 8 月 18 日,在北大东语系,由季羡林同志主持召开了《西域记》第一次工作会议,有孙毓棠、朱杰勤、宿白、张广达、杨廷福、张毅、耿世民、蒋忠新、赵守俨和我参加。会上决定了由范祥雍先生在上海单独负责标点校勘,由季先生在北京主持注释工作,具体分工如下:耿世民负责新疆部分,张广达负责苏联中亚及阿富汗部分,朱杰勤及张毅、蒋忠新负责印度部分,杨廷福负责原书三篇序及佛教名词、辞语部分,蒋忠新查阅全书梵文,宿白负责全书插图照片(后因困难较多,没有进行),章巽负责绘制详细地图(后章先生因眼睛不便,也没有进行),季羡林最后负责修订定稿和撰写前言。会上并根据卷一、二的样稿具体讨论了注释的标准和要求。还讨论了关于向达先生过去整理《西域记》的成果尽量了解和吸取的问题。会上决定由宿白、张广达、杨廷福和我到北京大学图书馆查阅馆藏向先生的全部图书、手稿及资料。我们在那里查阅了几天,仅发现《西域记》金陵刻经文本上向先生在书的天头上写的许多校勘记,蝇头小字,笔划清楚整齐,体现了向先生多年的心血。我们商得馆领导同志同意借出参考。后来我将它送到上海范先生处,请他尽可能将向先生的校勘记吸取参考。现在新校注本中,凡是向先生的校勘可参考的地方,我们都在校勘记中一一作了说明。

大约经过了两年多时间,到了1980年底,各人分工写的初稿先后写出来了,范先生的标点校勘也完成了,借调的同志也返回原单位。在此期间,我又将向先生"文革"前未能出版的《大唐西域记古本三种》影印出版了，周连宽先生的《大唐西域记史地研究丛稿》也加工发稿了。接着，我又化了半年多时间，将《西域记校注》初稿整理删补，统一体例，并将分散的校勘、注释和正文剪接连贯起来。1981年下半年，我将粗具规模的《大唐西域记校注》初稿送季羡林同志审阅。

　　这时季羡林同志已在动手写他的长篇巨制《西域记校注》前言。在审阅初稿中，他不但逐字逐句地阅读进行修改，而且还亲自改写了不少注释条目。如长达三千字的《四吠陀论》的注释，就是他全部改写的。他还亲自查阅了注释的引文，发现大部分的引书，都有问题，又请王邦维同志将全部中外引书的引文核对一遍。这样又化了一年半时间。到1983年7月，经审定后的修改稿，又交回编辑部。我又用了约四个月时间，将全稿作最后的加工整理，统一体例编排，选定了二十多幅装饰插画，然后才于1983年12月发稿。至此，六十三万字的校注本，经前后二十多年的努力，总算告一段落，我也深深地舒了一口气。

　　现在，《大唐西域记校注》已经呈现在读者面前了，它的质量如何，尚有待读者的检验和评价。但它毕竟是这部重要史籍的我国第一个比较全面的校注本，而且几经曲折，有着二十六年的历程。而首创其事的向达先生已于1966年去世，而后来参加校注的杨廷福先生也在 1984 年因病逝世，都来不及见到此书的出版了。季羡林同志曾说过："靠个人的能力要完成这件工作，在目前是不可能的，只有依靠集体力量。现在参加校注工作的同志都是很难得的一时之选，今后再也不可能集中这样一批人来搞这一工作了。"由于此书经历时间较长，参加的人也比较多，而我则始终参予此一工作的全过程，因志共事，略述如上。

(《回忆中华书局·下编》，中华书局，1987)

影印出版《清实录》的底本选择
——兼缅怀赵守俨先生

何英芳

　　《清实录》是清朝历代皇帝统治时期的大事记,它是由实录馆的编撰官从宫中的上谕、批奏折、内阁的起居注及其他原始档案中取材,按年月日顺序编排而成的。书中详尽地记载了有清一代近三百年的用人行政和朝章国政,是研究清代政治、经济、军事、文化,外交等各有关方面的重要文献。著名清史专家王锺翰先生曾说过,翔实而有系统的记录,"舍《实录》外,世上似无第二部书可以与之相比拟"。1987 年中华书局在副总编辑赵守俨先生的领导下,影印出版了《清实录》。影印本包括《满洲实录》、太祖至德宗十一朝实录、《宣统政纪》,共计 4433 卷,16 开本精装 60 册。影印工作从确定底本、起草影印方案、写定出版说明,到书籍装帧、内封内容等各方面,赵守俨都有果断、谨慎、智慧、详缜的决策。现仅通过出版过程中有关底本选定工作的回顾,缅怀赵守俨对《清实录》出版做出的贡献。

一

清代各朝《实录》,由实录馆编撰成后只缮写了几部,分别收藏在京师(北京)、盛京(沈阳)两地宫禁中,从未刊印,所以外界很难看到。1936 年伪满洲国"满日文化协会"影印了《清实录》,它是用收藏在沈阳故宫的缮写本(下称沈阳故宫本)做底本的,由东京单式印刷公司承担印刷,日本大藏出版公司出版(下称伪满本)。由于这部书当时只印了 300 部,四十年过去了,随着院校、科研单位的扩展,北京及外地大的图书馆都很少有此藏书,有的即使有藏书,也因书少、借阅困难,给研究工作者带来许多不便。

为了使这部巨著能广泛流传,充分发挥它应有的价值,20 世纪 70 年代末,我想把该书列入出版计划,但由于工程量太大,在写申请报告前,我首先向赵守俨说出了我的这一想法。因为自 1972 年我从干校回到北京后,有幸与学长魏连科和赵守俨在同一个办公室工作了几年,从怎样做编辑到如何做人,都得到了他们的启迪与帮助。我一向把赵守俨看作既是我的领导,又是我的老师和朋友。我在工作上有什么

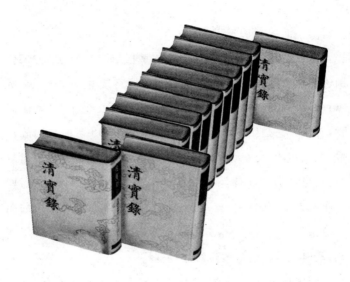

《清实录》

想法,遇到什么困难,都愿意随时随地、无拘束、无隔阂地与他交谈,听听他的想法和教诲,直到他升任副总编辑后仍然是这样。

当我向赵守俨提出想把《清实录》列入出书计划时,他说:"我支持你的想法,你有什么具体考虑吗?"我说:"影印底本方面可有两个选择,一是用沈阳故宫本做底本,但这个本子现收藏在何处,有无残缺,能否做影印底本,还须调查,而且用它做底本还要付一大笔版本费。二是直接用伪满本做底本,中华书局图书馆就收藏一部,由于它是影印书,应该不会出现像铅字排印和手抄本可能出现的差错。伪满本印刷质量较高,字迹清晰,纸质也很好,我曾将全书1220册逐页翻看过,没有残缺、虫蛀、水渍现象。而且,用我们自己的藏书做底本,影印时会更便捷,也可以节省大量的人力、财力和物力。我在翻看时,发现该书有缺页、错页、重页现象,但可以寻找沈阳故宫本校补改正。另外,1964年台湾华联出版社影印的《清实录》就是用伪满本做的底本,所以我倾向于直接用伪满本做底本。"赵守俨听完之后沉思道:"用伪满本做影印底本能节省财力、物力、人力,但有一件事情先要弄清楚。十几年前,我曾听郑天挺先生说,近代史编辑室张静庐曾查看过沈阳故宫本,主要是光绪朝,发现有的地方好像挖补过,室内光线较暗看不清楚,他拿到窗前近光处看,挖补的痕迹很明显,而且多与日本有关。"影印书时将底本挖改一事我前所未闻,没想到我精心准备的方案竟存在着严重的问题,一时不知所措。他看我惊愕的样子,又对我说:"张静庐是否就这个问题写过报告我不清楚,你可先去查看一下中华书局的书稿档案。不过,此事已过去二十多年,中华书局搬过家,又经过文化大革命,就是有报告也不知道能否保存到现在。如果查不到报告,你还得去沈阳做个调查,然后再确定影印底本。"他不仅提出了问题,同时又指出了解决问题的方法,让我松了口气。我去查书稿档案时,深为中华书局同仁的责任心感动,虽然中华书局经过风风雨雨的多次变动,但书稿档案仍然保存完好,我顺利地找到了张静庐写的《去沈阳了解大清实录情况汇报》。

张静庐在汇报中说:

> 原收藏沈阳故宫《清实录》缮写本归辽宁省图书馆保存,但短缺 246 卷,而以德宗部分为多。此次查对以甲午战役为主,因短缺太多很难找到,我带去的日印本(伪满本)第 344 卷、第 360 卷、第 364 卷等,都无法查到。但其他卷中如 369、365、366、343、341 等卷查到"日"字的挖改,342 卷查到"敌"字的挖改,及同卷有"中

朝自应自保藩封"、"赴日询问劝令撤兵"等整句挖改之
处,盖已非实录的原来面目了。

张静庐的汇报揭示了沈阳故宫本曾被挖改过,而且均系与日
本有关的事实,虽然他没有说出是何人所为,但不言而喻,这
是"满日文化协会"影印《清实录》时所为。可当时对这个问
题,学界还有不同的看法。有的同志提出,研究清史多年从
未听说有此事,由于缮写时间有先后,不排除是溥仪出宫后
修改,这种情况只能解释为存在两种版本。这种说法也有一
定道理。也有人认为《光绪实录》共 597 卷,张静庐只查看了
10 卷,举例多是称谓不同,不能说已非"原来面目了"。为了
弄清实际情况,我首先请在辽宁省图书馆工作的韩锡铎帮我
查核《光绪实录》、《同治实录》沈阳故宫本被挖改的状况。但
是《清实录》沈阳故宫本已由辽宁省图书馆移藏至辽宁省档
案馆。该馆规定,《清实录》为重点保护档案,读者查看少量
可以,大量查看是不行的。根据这一规定,韩锡铎仅查看了
11 卷《光绪实录》,发现挖补一百六十多个字,并一一做了记
录。韩锡铎又用辽宁省图书馆收藏的《光绪实录》民国年间
的抄本与其记录核对,除了称谓不同外,发现文义也有完全
不同的,如挖补处文字为"中朝自应自保藩封",而抄本文字
为"中朝自应大张挞伐"。他又发现,沈阳故宫本把"倭"字均

挖改为"日"字,但343卷第1页的第5行"倭人以重兵驻韩"句,"倭"字未改,"倭"字旁有铅笔画的竖道,这说明有人先将要挖改的字用铅笔标出来,然后动手挖改。

根据韩锡铎提供的材料,赵守俨果断地做结论说:"沈阳故宫本归辽宁省档案馆收藏,要想全部查看是不可能了。但就韩锡铎提供的材料,我们可以初步确定,'满日文化协会'在影印《清实录》时挖改了沈阳故宫本。所以伪满本不能做影印底本,我们应另找缮写本做影印底本。"

为此,我再次查看了张静庐的汇报。他在汇报中提出过影印底本方案:

> 根据了解情况看来,实录用原稿本影印已不可能,如果要印只有,(甲)用日本影印本(伪满本)做底本,逐卷查对复旦大学图书馆所藏抄本,将挖改的字句重新挖补,恢复它的本来面目[有必要可作眉批或后注],实施影印。每六页缩印大十六开一页,每本以九十页,估计缩印一万七千页,略如中华版的图书集成洋装本,约钉如开明版二十五史式四十册。(乙)用日本影印本做底本,查对复旦抄本,将挖改的字句补正,实施铅印。用新五号字重排,每面排九百字,全书估计七十二百万字,约排八万面,大三十二开本,装成如资治通鉴式八十至九

十册。

他还提到,陈国庆(原沈阳市文化局副局长)曾看过陶湘的文章,其中提及大清实录原写四份,分存皇史宬、乾清宫、内阁、沈阳故宫。

　　看来张静庐当年没有找到由实录馆缮写成后收藏在北京皇史宬、乾清宫、内阁的三部《清实录》,而只找到了复旦大学图书馆收藏的抄本《清实录》,所以提出用抄本比勘伪满本,将伪满本中被挖改的字补正后,或影印,或铅字排印。抄本的情况怎样,复旦大学图书馆吴格同志告诉我,该抄本原是浙江吴兴人刘承幹(1881—1963)的藏书。1922年冬刘承幹至京师拜访清史馆馆长赵尔巽。赵尔巽从1914年开始主编《清史稿》,已进行了八年,因经费短缺,进度很慢。刘承幹向赵尔巽提出,他可以捐钱给清史馆,但清史馆要为他抄缮《清实录》、《清国史》各一部。赵尔巽答应了他的提议,半年后《清实录》抄缮完毕。刘承幹把书运至浙江,收藏在他的南浔嘉业堂书楼。20世纪50年代,刘承幹将书让售给复旦大学图书馆。抄本现保存完好。

　　在找不到实录馆缮写本的情况下,张静庐提出的这个方案,是唯一可行的方案。但是,用抄本比勘伪满本,并将伪满本挖改处照抄本改回,费时费力。更主要的是,这个转抄本质量如何，恐怕没人能说得清楚。罗振玉对这个抄本曾说过"及抄成，讹夺甚多，无从勘正"。我想既然实录馆缮写本还有三部，就应该努力去查找，用它做影印底本才能达到我们恢复《清实录》原貌的目的。二十年前张静庐虽未找到，但二十年过去了，或许会有奇迹出现。我的这一想法得到了赵守俨的支持。寻找这三部缮写本难如大海捞针，我查书目，跑图书馆善本室，给外省市大图书馆发信询问，还查看了台湾故宫博物院清代文献档案总目，都没能得到任何线索。

1982年9月，清史第一届学术讨论会在北戴河召开，与会专家学者都建议中华书局尽快出版《清实录》。我向专家们解释了中华书局未能影印出版该书的主要原因是找不到合适的底本。谁想在场的中国第一历史档案馆朱金甫先生马上对我说，他们档案馆就收藏有《清实录》的缮写本。听到这个信息，我当时的喜悦心情真是难以用言语形容，真是"踏破铁鞋无觅处，得来全不费工夫"！在朱金甫的帮助下，我查阅到档案馆保存的《实录馆档》，根据原始记载得知，《清实录》中的太祖至穆宗朝实录，共缮写了五部汉文本，按其装潢和开本的大小不同，分别称为大红绫本、小红绫本、小黄绫本。大红绫本两部，收藏在京师皇史宬和沈阳故宫。小红绫本两部，收藏在乾清宫、内阁实录库。小黄绫本一部，也收藏在内阁实录库。光绪朝实录汉文本缮写两部,大红绫本收藏在皇史宬,小红绫本收藏在沈阳故宫。《宣统政纪》只缮写了一部,由溥仪本人收藏,伪满本即是以此为底本的。这几部实录现存情况是:中国第一历史档案馆收藏内阁实录库的小黄绫本,到同治朝为止,稿面有勾画改乙符号及待改正浮签。收藏在皇史宬的大红绫本,截止到光绪朝,光绪朝前稍有残缺,光绪朝缺376卷。朱金甫又介绍我去找故宫博物院图书馆杨玉良女士,得知该馆收藏一部小红绫本,截止到同治朝,也稍有残缺。还有一部小红绫本至今没有找到收藏处。沈阳故宫本上面已说收藏在辽宁省档案馆。大红绫本、小红绫本太祖至穆宗朝残缺部分可以互补,但光绪朝实录没有完整的缮写本,《宣统政纪》也没有第二部缮写本。经北京大学历史系教授商鸿逵先生介绍,我认识了北京大学图书馆张玉范女士,在她的帮助下,我看到了由实录馆编撰收藏在该馆的《光绪实录》、《宣统政纪》定稿本,正本即照此清缮而成。根据实录馆缮写本现存情况看,大红绫本与小红绫本相比较:在字体上,大红绫本比小红绫本美观漂亮;在版面上,大红绫本半页9行,行18个字,而小红绫本半页10行,行20个字,显得密挤;在装帧上,大红绫本为蝴蝶装,小红绫本只是一般线装;在收藏地点上,大红绫本收藏在皇史宬,小红绫本收藏在乾清宫。通过比较,我们都认为用大红绫本做底本最合适,大红绫本残缺的地方可用小红绫本补配;《光绪实录》、《宣统政纪》可用北大图书馆的定稿本补配。至此,影印底本的问题总算完满解决了。

二

张静庐的汇报写于 1957 年 11 月,他在汇报中请示影印出版《清实录》,但当时领导没有批示同意与否,直到 1961 年张静庐退休,也未能实现这一愿望。这个计划被搁浅,据赵守俨推测:"无论影印还是排印,均需投入大量人力、物力,所以不得不从缓考虑。"1963 年近代史编辑室再次打报告,请示以伪满本为底本,影印出版《清实录》。当时正值国民经济三年困难时期之后,纸张紧缺,报告又未能得到批准。不久,文化大革命开始,中华书局工作停顿,出版《清实录》一事自然搁浅了。事隔十多年之后,赵守俨仍然记得张静庐曾做过的工作,并亲自指导《清实录》出版。

赵守俨是一位优秀的出版家,长期从事出版工作,有很丰富的出版经验。他为人谦和真诚,对学术界老前辈十分尊重,许多专家学者与他结成忘年之交,都愿与他交谈自己的研究成果。赵守俨平时了解到很多书稿信息,所以才能够适时提供张静庐的发现,这也体现了他敏捷的思维和过人的记忆。为影印《清实录》选用到最好的底本,这是赵守俨为《清实录》出版做的第一个贡献。

赵守俨博学多识,治学严谨,自己认为不成熟的东西从不愿发表,做领导工作也是谦虚慎重,考虑问题非常周全。他要求我们,凡是重大出书计划都要广泛征求意见,对反馈回来的意见要作认真分析讨论。当《清实录》影印底本配齐之后,他考虑到《清实录》伪满本曾被挖改的问题尚未搞清楚,于是对魏连科和我说:"你们写篇文章,说明伪满本存在的问题,以及我们影印底本所采取的方案,让大家对我们的方案提出意见。"按照他的要求,我们写了《影印〈清实录〉底本刍议》一文,登在《古籍整理出版情况简报》上。1986 年 10月,我们收到了罗继祖先生的文章《伪满影印〈清实录〉缘起及其挖改》,此文是对我们文章的回应。文章说:

> 伪满时《清实录》的刊印发端于我祖父(罗振玉)癸未年冬(1933 年)任满日文化协会常任理事时,当时曾得到日方理事内藤湖南(虎次郎)的赞助议行。据我所知,当时日伪满当局并不支持《清实录》的刊印,但满日文化协会是个文化事业单位,既已提出刊印,他们也不便公然阻止,而是设下了几道难关来支吾。其中第三道

难关便是《清实录》中与日本有关的几个问题。如在甲
午战争一段里,把"日军"写成"日寇",这是日本人非常
忌讳的,并且认为妨碍"日满亲善",非改掉不能付印。
这个问题好办,遂由祖父将文溯阁的《实录》原本调来,
亲自检阅,将其中"倭寇"字样全加挖改后付印,当时我
就是执笔填写的人。又参证中华书局《古籍整理出版情
况简报》第112期《影印〈清实录〉底本刍议》所举被挖改
的14例,经核查,全出于我的手笔。

赵守俨看了此文立即批示说:"罗文虽对他的祖父有所回护,
但承认了一个事实,伪满本影印时确有挖改,他还是参与其
事的人。有同志怀疑是不是伪满影印时改的,这一点算是彻
底解决了。"我作为该书的责任编辑,一直想要弄清楚伪满本
挖改情况,利用业余时间,又将《光绪实录》伪满本与定稿本
进行了全书对校,二者文义截然不同之处,不只是我们文章
中所举14例,而且定稿本中还有许多大段文字不见于伪满
本。罗继祖文章中没有谈及此事,是因年代久远而忘记,还
是别有原因,不得而知。但不管怎么说,罗继祖先生第一次
公开叙述了五十年前伪满对沈阳故宫本挖改的经过,虽然对
挖改的目的、程度看法不同,但伪满本确实有挖改这一点终
于得到当事人的确认。这样说来,伪满本就不能称为《清实

录》的另一版本,也就没有必要再出版流传了。这一成果,是赵守俨为《清实录》出版做出的第二个贡献。

赵守俨对《清实录》影印出版做出的贡献,人们永远不会忘记。

(《书品》,2007 年第 4 期,中华书局)

我与《唐宋史料笔记丛刊》的文字因缘

周勋初

  1978 年时，我受南京大学的指派，到北京各大图书馆访书，负责《韩非子校注》的定稿工作。此书在文化大革命中已完成初稿，编写组在工作中就注意到努力排除四人帮的恶劣影响，因而基础尚好，至是编写组乃决定将此"法家著作"改写成一部具有较高水平的学术著作，由我最后加工。我为增加此书的学术分量，考虑到首先得在文字上取信于人，这就必须增加校勘记。为此我在东城区的崇文旅馆内住了两个月，每天奔波于各大图书馆，用各种善本进行校勘。

  这时全国还实行每周工作六天制，北京图书馆善本书室则规定星期六也休息。一到星期六，我就无事可做。想起文化大革命前我还有两篇文章寄交《新建设》杂志社，之后一直下落不明。原来想，文化大革命中不知有多少知识分子家破人亡，自己丢了两篇文章又算得了什么，因此一直不在意，也不想去追查。这时反正闲着无事,也就想到不妨找杂志社去查一下,看能不能找回旧稿。

经了解,《新建设》杂志社在建国门内大街 5 号,原来就在中国社会科学院内。到传达室询问时,说明是来索取旧稿的,接待的人颇为诧异,说是该社早已撤销了,已经没有什么人负责,不可能再找到什么稿子。我正想退出,忽然旁边有一个人说,某人原来就是《新建设》杂志社的,他现在某处工作,你可以去问他一下,看有没有什么头绪。他指了一下前面的一幢楼,我看路也不远,就走了过去。

该人听清了我的来意,觉得很有趣,说是还从来没有一个人来要稿子的。当年《新建设》被一锅端,全体人员赶下乡,什么东西都没有拿下去,你的稿子也无下落可寻。我明白,大家都是受害者,我不能再在这两篇文章上纠缠,于是告辞离去。但该人忽又想起,说是有一位同事当年曾挑了一捆稿子带下去。那是一位编辑,他说人家辛辛苦苦写出来,也不容易,现在一把火烧掉,太作孽,因此他挑选了一捆稿子带下乡了。你可以找他问问,看在不在内。但此人今天未上班,下星期你可以来找他一下。

七十年代后期,办公室里一般没有电话。反正我已提起精神来了,一不做,二不休,下个星期六再去找那位挑稿子下乡的同志。但那人无奈地说,《新建设》的下放人员在各地乡下转移了好几次,他也吃不消了,最后还是把稿子烧掉了。当我正要告别时,他又突然想到,说是当年《新建设》杂志跟中华书局《文史》杂志合作,有些投到《新建设》的稿子,编辑认为改在《文史》上发表更合适,就转到该社。他建议我去《文史》杂志社找一找,看在不在那里。我看时间尚可,就一鼓作气赶到了中华书局。

我向中华书局传达室询问,知道《文史》复刊还不久,编辑工作现由傅璇琮先生负责。当我说明来意,傅先生就把我的通讯地址留下,说是文革之前的旧稿子很乱,《新建设》杂志社转来的旧稿还不知道放在哪里,不过他会抽空帮我找一下。结果如何,他会写信告诉我。正题已毕,大家又闲谈了一会儿。

我在这之前已听到过一些有关傅先生勤学的传闻,说是办公室里放了行军床,以备工作之余,晚上攻读。只是在星期六回家,星期天做好家务后又赶回办公室读书。这时我看到,办公桌旁真的有一张行军床摆在那里。办公桌上放了很多书,内有岑仲勉的《元和姓纂四校记》等,知道他当时正在研究唐代文史。

过了一两个星期,亲戚家就来了消息,说中华书局寄来了一包东西，我知道稿子来了，赶过去看，正是十多年前先后寄到《新建设》杂志社的《〈文赋〉写作年代新探》和《王充与两汉文风》二文。经过长期捆扎，稿子皱皱巴巴，已有破损，纸质也已发黄。我很兴奋，这毕竟是我多年构思的结晶，失而复得，太难得了。从稿子的生命来说，可谓绝处逢生，这都得归功于傅先生的大力帮助。这种职业道德，可供业内人士效法，我必须向他当面道谢。

这次见面，大家进行了一些学术上的交流，我知道他正作唐人行年和流派的研究，我也正在修订《高适年谱》，他就约我为《文史》写稿。我本打算写一篇关于《高常侍集》版本的文章，但得附好几张图片。他说《文史》上的文章一般不附图片，当时沈玉成先生正编《文物》杂志，可投那里去试试。我的研究唐诗，只是在文化大革命中无事可做，偶尔投入的；做《高适年谱》，也只是逢场作戏，因而有关版本考的文章一直拖着没有动手，后来也就遗忘了。

据傅先生后来介绍，当我破门而入自报家门时，他也知道我一些情况，因为读过我1964年时发表在《中华文史论丛》第五辑上的《梁代文论三派述要》。他还说到，找两篇稿子时很辛苦，旧稿堆在一间小阁楼上，那时天还热，他从一捆捆烂稿子中捡出二文，闷出了一身大汗。对此我当然很感激。

其后他要在《文史》第八辑上集中发表一组研究唐诗的文章，来信约稿，我就利用此前在故宫博物院图书馆中读书时积累的资料，写成《叙〈全唐诗〉成书经过》一文，寄了过去。这样，我们之间的交往与文字上的沟通也就不断增加。

不久，傅璇琮先生升任中华书局古代史组组长，他规划了一种《唐宋史料笔记丛刊》，打算把这方面的史料作一番新的搜集与整理。这套丛刊，在学术界产生了很大的影响。

自从民国元年进步书局编印《笔记小说大观》之后，学术界也就随之称这类史料为笔记小说。进步书局的这种本子是石印的，他们雇人抄写，版本的选择很不讲究，也没有什么整理加工。但时代向前发展了，人们的观念也在转变，大家不再把注意力仅放在正经正史上，这类生动活泼的笔记体史料，更易引起知识界的兴趣，因而其后有不少同类型的著作出现。只是人们编写这类著作时仍很草率，像吴曾祺编《旧小说》时，也只是从《太平广记》等书中作些摘录，汇编一下即成书。

《唐宋史料笔记丛刊》情况不同，收入丛刊中的著作每一种都要作认真的整理，附上相关的资料，最后形成的本子可供学术界便捷且放心地使用。

傅先生来信,希望我为其中的一种——《唐语林》作加工整理。以前我对唐宋史料笔记小说从未关注过,更说不上下过什么功夫,而《唐语林》的情况又极其复杂,自觉很难担当这项任务。况且步入改革开放新阶段后,教学、行政与学术活动激增,终日忙忙碌碌,也抽不出多少时间来整理一种复杂的古籍。但傅先生认为,我在唐代文史研究上已积累了一些专业知识,处理复杂问题时当能应付,因而还是恳切地劝我接受这项任务。我以前受到过他的大力帮助,又蒙厚爱,也就决定勉为其难,尝试一下。

　　这套丛书,没有制订什么统一的整理要求,每一位承担者可以根据自己的观点来加工出一种理想的文本,但中华书局还是寄来了一种参考书:〔唐〕刘𫗧《隋唐嘉话》和〔唐〕张鷟《朝野佥载》的合订本。前书是由程毅中先生整理的,后书是由赵守俨先生整理的,二书之前各有一篇《点校说明》,内有他们整理此书的心得;前书还有一篇《点校凡例》,大约也就是这套丛书通用的凡例了。其他的书自可依此办理。

　　这两种书,确实具有范本的意义。二人在校勘和辑佚上下了很大的功夫,反映出了深厚的功力,而在他们撰写的《点校说明》中,显示出了很高的识见。由于《唐语林》中没有收入《朝野佥载》一书,因此我在工作时查阅此书的机会不多,对于《隋唐嘉话》，那就备加关注，反复学习了许多遍。

程毅中先生在《点校凡例》的第一条中就说明："本书的整理工作，重点在于标点，并尽量改正显著的脱误，辑补佚文，兼及版本的考订。"这是整理任何一种古籍的首要任务。程先生在上述几个方面做得都很出色。

第二条说明："本书以《阳山顾氏文房小说》本为底本，参校各本，择善而从，凡大致可以确定底本错误的径行改正，并在校记中说明依据。重要的异文写入校记，各本异同不一一列举，以免烦琐。"而在第九条"本书参校主要用书的版本"中详列各书的版本与简称，这里确是包括了此书各种重要的版本。这种细微的地方，正可看出整理者功力的深浅。

程先生对此书的每一条文字都作了细致的校雠，在此基础上，他将点滴心得提升为研究成果，而在《点校说明》中作简要的表述。他首先介绍了此书在书目中著录的情况，以及《隋唐嘉话》作者刘𫚭的生平和有关记载。前人对刘𫚭及其著作的记载相当杂乱，名称都不一致，读者于此大都摸不到头脑，以致《四库全书》的编者还以为《隋唐嘉话》是一种伪书而不予著录。程先生经过详细的比勘，辗转互证，终于得出了新的结论。他说：

> 根据本书的初步校勘，大致可以认为，今本《隋唐嘉

话》，实即《传记》（亦即《国史异纂》）及《小说》的异名。但在宋代却有四种书名并行，不但书目中重见迭出，而且类书、丛书里也兼收并蓄。今本《隋唐嘉话》，比《直斋书录》所著录的多两卷，不知是多少不同还是分卷不同。而且今本卷数虽与《国朝传记》相同，也未必就是《国朝传记》的原貌，因为各书所引的《隋唐嘉话》或《传记》、《异纂》，还有不见于今本的佚文（详见本书补遗）。所以本书仍用《隋唐嘉话》的名称，各书称引不同，则各存其旧，一一写入校记，以备校核。

经过这番研究，《隋唐嘉话》中存在的问题才被彻底阐明，人们对此书才有了正确的认识。这一事例足以说明，在文献整理的坚实基础上进行的科学研究，结论最为可信；反过来说，也只有在研究的基础上进行古籍整理，才能产生高水平的定本。

中华书局这种组稿的方式，很高明。他们提供一种样书，也就是提供了一种范本，依此模式做去，就可达到高的整理水平。《唐宋史料笔记丛刊》从总体上说取得了很好的成绩，即与程、赵二先生提供的范本有关。

我经过努力，在整理《唐语林》的工作中也可说是取得了一些成绩。我将《唐语林》中涉及的几十种笔记小说写成提要,利用我在整理过程中积累的点滴心得,也提出了一些个人的看法。其后我还把内容较充实的几种提要扩大为单篇论文,其中《〈隋唐嘉话〉考》一文,就是在程毅中先生为《隋唐嘉话》所作的《点校说明》的基础上扩展而成。再进一步说,我在八十年代开始的唐人笔记小说研究,都是在中华书局的一些朋友的劝导和支持下开始的,为此我对中华书局自然怀有深厚的感情。

一家好的出版社,不光能出好书,还应引导读者和研究工作者往新的方向开拓,提高国家的总体文化水平。通过古籍整理,使祖国的传统文化易为大家所接受,为散居各处的华人提供高水平的范本,让汉学进一步传播于全世界。我在整理这一丛刊的过程中,对中华书局一直抱有这样的厚望。

(《书品》,2002 年第 2 期,中华书局)

我点校《读史方舆纪要》的经历和体会

施和金

　　《读史方舆纪要》是明末清初学者顾祖禹的杰作。这部书以明两京十三司为写作范围,专言"山川险易、古今用兵战守攻取之宜、兴亡成败得失之迹,而景物游览之胜不录"(魏禧序),是一部军事地理特色非常浓厚的历史地理著作。该书自清康熙中叶成书之初,就因其体大思精,内容丰富,而受到世人的高度重视,许多有识之土纷纷派人前往顾祖禹家乡无锡抄录,至清嘉庆十六年,又有四川成都人龙万育将全书刻印成册,遂使该书流行于海内外。鸦片战争发生后,帝国主义列强不断侵略我国,许多爱国志士为此痛心疾首。为了抗击外国侵略,人们从各方面寻求抵御之道。此时,《读史方舆纪要》中的许多精辟战略理论以及数以千万计的生动战例日益引起了人们的关注,它的军事特色也越来越被人们所认识,于是该书一再刻印,却仍然供不应求。从道光十八年至光绪三十三年,其间各种刻本竟达十几种之多。此后,商务印书馆又出过铅印本,解放后中华书局还二次据以重印,版本之多,流通之广,绝非一般历史地理著作所能比。

《读史方舆纪要》虽然版本众多,流传较广,但数百年来,却无人对它进行过系统的整理及研究;书中的讹误代代相传,也一直没有得到很好的纠正;各种刻本皆无标点,人们阅读起来也不甚方便,商务印书馆虽施以旧式标点,但断句又多有错误;凡此种种,促使国务院古籍整理出版规划小组决定由中华书局组织人力对它进行整理和标点,以适应当今社会主义文化发展的新需求。

上世纪70年代,北京有一位贺次君老先生,对历史地理文献的整理颇有经验。在《读史方舆纪要》开始整理之前,他已应约为中华书局整理出版了《括地志辑校》及《元和郡县图志》,因此,点校《读史方舆纪要》的重任自然也就落到了他的肩上。但《读史方舆纪要》全书近300万言,版本歧异又多,工作量非常巨大,而贺老先生此时已年届七十,体力和精神都难以承担如此艰巨的工作,点校开始后不久,即因中风而瘫痪在床,《读史方舆纪要》的点校工作只得中断。对于这些情况,当时我并不知晓,接手整理《读史方舆纪要》对于我来说,是出于一个偶然的机会。

我 1967 年毕业于上海复旦大学历史系历史地理专业，后又师从华中师范大学张舜徽先生学习历史文献学，早年就对《读史方舆纪要》饶有兴趣。1983 年暑假，我到上海图书馆阅览《读史方舆纪要》，发现书中有许多文字讹误及史实乖错，很想对这些问题作进一步核实和研究，因此在浏览了解放后中华书局出版的铅印本后，又借阅了嘉庆年间龙万育的敷文阁本。由于此书量大，非一二天能读完，我便每天如上班一般，在上海图书馆日复一日地借阅，一连竟达三十余日。时间一长，与图书馆的工作人员也就逐渐熟识起来。有一天，馆员王翠兰问我："你天天在此阅览《读史方舆纪要》，将来有什么打算？"我说："发现了书中的许多问题，眼下还没有具体的打算，只是想先将这些问题搞清楚。"她又说："数月前，中华书局有一位编辑来我馆查阅《读史方舆纪要》的职思堂稿本（即顾祖禹亲自修改的原稿本），听说他们要重新出版此书，你发现的问题说不定对他们有用，为何不写信与他们联系一下呢？"我说："你这个想法很好，我回南京后一定与他们联系。"后来，我将自己数年来研读《读史方舆纪要》的成果作了一番整理，向中华书局发了一封致编辑部的信函，表示愿意将自己的成果无偿提供给他们，为出好《读史方舆纪要》尽一点绵薄之力。出乎我的意料，不久便收到了中华书局约我去北京整理《读史方舆纪要》的邀请函。

接到中华书局的邀请函,我既惊且喜。喜的是我多年研究《读史方舆纪要》,其成果终于可以得到运用;惊的是我乃无名小卒,中华书局竟然大胆起用。惊喜之余,心中仍感到不太踏实,遂致书业师张舜徽先生,请教可否接受此项任务,以及如何才能很好完成整理工作。张先生迅即复信道:"校书如扫落叶,不要期望通过你的一次点校,就能将该书的问题全部解决。只要自己努力工作,做到问心无愧,也就可以了。中华书局既委你以重任,你可以大胆去做!"得到老师的鼓励后,我便收拾行装,于1984年2月4日从南京到了北京。

到北京后,中华书局安排责任编辑张忱石先生向我介绍了贺次君先前点校该书的情况,又为我联系了到北京图书馆(即今国家图书馆)借阅清代宋荦的纬萧草堂抄本事宜,还到琉璃厂旧书店购得清嘉庆年间龙万育的敷文阁本以作点校的工作底本。自2月7日起,我便日日端坐在北京图书馆,一手持笔,一手执书,将宋荦抄本与敷文阁本对校,凡有疑异,辄随手记下。夜间回到住所,再将一天所得略加整理,以备日后研究之用。就这样,一直到6月28日方才将全书校完,共得疑异二千余条。暑假期间,我又到上海,得上海图书馆同志大力协助,有幸阅览了《读史方舆纪要》的职思堂稿本(胶卷)。此本是众多版本中最为宝贵的一种。当年顾氏完成《读史方舆纪要》初稿后,曾请五书手将全书誊写一遍,后来应徐乾学之邀帮助他编写《大清一统志》,在那里看到了许多以前没有看到过的典籍,因此《大清一统志》完稿后,他又对《读史方舆纪要》进行了长时间的修改,直到临终前亦未尝辍笔。此稿本大约在乾隆以后从顾祖禹子孙手中散失,辗转流移,于抗日战争前被杭州藏书家叶景葵先生在绍兴购得。叶先生对此书修补整理后,曾请著名学者钱穆、张其昀等人鉴定,发现有许多地方与已有刻本不同,因此决定将全书整理后出版。不料抗战爆发,出书之事遂告流产。抗战结束后,叶先生自觉年事已高,出书之事恐难实行,遂将书稿托付好友顾廷龙先生。顾先生解放后任上海图书馆馆长,此书作为馆中特藏,一直没有轻易示人。由于年长日久,此书有许多纸张日经朽坏,为保存此种特别古籍,上海图书馆花巨资将全书拍成了胶卷。当年我在上海图书馆阅读的就是这长长的胶卷,费时约四十余天。时值盛夏,每天气温均在36℃以上,虽暑热难熬,挥汗如雨,但我每天仍坚持不懈。胶卷看完后,又得知上海图书馆还藏有清光绪二十五年新化邹代过《读史方舆纪要》校本,于是又用近二十天时间将此书借阅一过。九月初回到南京,在南京图书馆、南京大学图书馆、南京师范大学图书馆又参阅了光绪五年蜀南桐华书屋薛氏家塾修补本、光绪二十七年图书集成局刊本、光绪三十年慎记书庄石印本,光绪三十三年广雅书局刻本以及商务印书馆万有文库本,对比之下,始知最初的嘉庆十六年龙万育敷文阁刻本并非最为精审,种种讹误实在不少,而新化邹代过校本虽是后出,却因邹氏实实在在地做了许多校正工作,刻印技术也较精良,故讹误既少,字亦清晰,堪称精审之本。特别是此本所附地图,较敷文阁本清新数倍,后征得中华书局同意,我决定将此图用于新标点本中。但由于它的底本仍是敷文阁本,因此敷文阁本中的许多错误还是没有得到全部更正,而被保留了一部分。相对于各种刻本来说,最初的抄本倒是讹误更少些,比较更接近于原稿本的面貌。例如北京图书馆所藏宋荦抄本,我以其与敷文阁本对校后,就发现了自敷文阁本以下所有刻本均漏刻的四川夔州府巫山县巫山、四川重庆府璧山县来凤驿、广西永宁州义宁县桑江等三条文字,共150字。将这三条文字与顾祖禹原稿本核对后,发现一字不差,可见宋荦抄本确实要优于敷文阁等刻本。

当然,抄本也毕竟就是抄本。因为抄书者往往只是字写得好,他不会对原书中的一些错误作什么订正,有时候原作

者的一些粗心大意,经抄书者一抄,还会抄出令人费解的新问题。例如:

《读史方舆纪要》卷76湖广黄州府序有云:"刘昫曰:'北齐保于故西陵城别筑小城置衡州。'"刘昫为《旧唐书》作者,所引"北齐保"云云,见于该书卷40《地理志》黄州黄冈县下,但原文无"保"字。顾祖禹为何于此加一"保"字,在没有见到原稿本之前,我真是百思不得其解。后查阅原稿本,方知顾氏初作"北齐天保二年",但在定稿时又用红笔将"天保二年"四字删去,谁知一时疏忽,竟只圈去三字,而留一"保"字未删,于是就成了"北齐保"之奇文。抄书者只管照本实录,也不问原文是否通顺,原稿这样修改是否有误。若不是见到原书修改的痕迹,真不知此谜何时能解开。

又如:《读史方舆纪要》卷100广东"北据五岭"下有云:"县周志非则曰:'五岭之说,旧以为皆指山名,考之,乃入岭之五途耳,非必山也。'"其中"县周志非则曰"一句有二处讹误,若不知发生经过,也是一个令人费解的难题。"周志非",经审核顾祖禹原稿本,知是"周去非"之误。此人为宋代学者,南宋淳熙间曾任桂林通判,后有人问他岭南之事,他便写了《岭外代答》一书,此处所引"五岭之说",即录自该书卷1。但"周去非"之前为何要加一"县"字,顾祖禹用意何在?我遍查"县"字的各种用法,觉得放在这里都不妥当。于是怀疑此字为衍文,但各种刻卞均有此字,宋荦抄本亦有,似乎又不是衍文。最后查得顾祖禹原稿本,见"周去非"之上原有一段关于越城岭的文字,定稿时顾氏将此段删去,末句"详见广西兴安县"有一"县"字未删,抄书者遂联缀成"县周去非则曰"之奇文,给后人留下了一个难解之谜。若非原稿本被重新发现,此谜恐永远难以解开。

当然,稿本的优点绝非仅限于此。因此本是顾祖禹的亲笔修改本,所以我们可以从中发现种种抄本和刻本究竟与它有多大的差异,从而又可由此旁及其他许多问题的研究。例如自各种抄本以下,当时因忌于清廷的禁令,大多删除了顾祖禹原稿本中许多带有明显反清复明思想的文字,而删节最多的是关于满洲女真如何在东北兴起直至与明朝交战等内容。以前虽然也有学者指出《读史方舆纪要》刻印时曾被删改,但究竟删除了哪些具体内容,在稿本发现之前,众人都不得而知。这次我借校对之际,将这方面内容一一检出,计有卷 23 南直隶"扬州府序"下约七百三十余字、卷 38 山东八"辽东都指挥使司"下约二千余字、卷 39 山东九"女真"下约五千余字、卷 106 广西一"广西方舆纪要序"下约五十余字、卷 113 云南一"云南方舆纪要序"下约一百一十字、卷 120 贵州一"贵州方舆纪要序"下约二百八十字（详情可参见拙文《读史方舆纪要稿本研究》，载崇文书局所出 2003 年《历史文献学论集》）。这些文字的重见天日，对于今人研究顾祖禹《读史方舆纪要》创作动机、指导思想乃至版本源流等都有重要作用，对于考见清朝初年的思想文化政策也有较为重要的参考价值。

　　至 1985 年底，我对全书反复点校六遍，写出校勘记一千二百余条，其间查阅"二十四史"、《资治通鉴》以及《元和郡县志》、《太平寰宇记》等各种图书和方志不下百余种，所作笔记约二十万字，除了教学及学校必需要做的工作外，这几年中我所有的时间和精力均用于此书，所谓"日以继夜，无间昕夕"，用这八个字来形容，一点也不过份。当我点完最后一个标点、写完最后一条校勘记时，一种从未有过的如释重负的感觉，使我连续睡了三天大觉。

　　　　　　　（《书品》，2002 年第 4 期，中华书局）

新编《孙中山全集》出版的前前后后

陈　铮

一

　　在中华书局的众多出版物中,有一批介绍孙中山平生思想和经历的传记书籍。早在二三十年代就先后刊印过如《孙中山丛书》和《孙中山先生外集》等若干种孙中山的著作集子。新中国成立后,由于出版社专业分工等原因,在很长的时间里,中华书局却没有出版过有关研究孙中山的著作和孙中山论著图书。只是在粉粹"四人帮"后、特别是党的十一届三中全会以来,中华书局才先后出版了《孙中山思想研究》、《孙中山年谱》、《回顾与展望——国内外孙中山研究述评》、《孙中山藏档选编(辛亥革命前后)》和《孙中山全集》等一批孙中山研究著作和资料。

　　这里值得提到的是在中华书局七十五周年前夕——1986

年 11 月孙中山诞辰一百二十周年时奉献给读者的新编《孙中山全集》这一部书。该书由广东省社会科学院历史研究所、中国社会科学院近代史研究所民国史研究室和中山大学历史系孙中山研究室合编。全书共分编十二卷,现已出版的十一卷为正文,将要出版的第十二卷是全书附录(索引)。

半个多世纪来,我国编纂、出版的不同版本孙中山"全集"、"全书"、"选集"、"文集"、"墨迹"等多达数十种。其中以1973 年台湾版《国父全集》的内容较为丰富。中华书局新版的《孙中山全集》,在以往各种孙中山著作集的基础上,努力搜集新的中外文资料,全书共收孙中山的著述、言论、函电、训令等八千多篇,共五百多万字。与《国父全集》相比较,多收二千多篇,字数也多出四分之一。该书是迄今为止一部内容最丰富、规模最宏伟的孙中山著作全集。它更完善、更系统地反映了孙中山一生的革命思想和实践。

我们所见到的多种孙中山著作集,多采取按文体分类编排,诸如"专著"、"杂著"、"宣言"、"文电"、"信札"、"讲演"、"谈话"等等。这种编法有其检索同类著述方便的优点,但对研究孙中山一个时期的思想与活动就有资料分散的缺憾。新版的《孙中山全集》在比较研究以往孙中山著作集的编辑体例后,对全集的编排方法也作了新的尝试,全书所收著作一律采用按撰述或发表的时间先后编次。这种按著作先后编排方法有一个显著的优点,不仅方便读者检索阅读,而且可以从整体上更清晰地反映出孙中山一生的思想和实践的发展阶段和整个进程。

不少已刊的单篇或结集的孙中山著作,有多种版本,存在文字乃至内容方面的歧异。新版《孙中山全集》在编辑过程中,比较注重底本选择和文字校订。收录的著作尽量采用手稿、孙中山手定本或较早刊行本为底本,并参照其他版本,作必要的整理、校订。对未署具体写作时间的论著,本集大都予以考订。

孙中山一生致力于革命事业,足迹遍及国内许多省市,长期奔走于国外许多国家和地区。要编辑一部内容十分完善的孙中山著作集,是一项艰巨的工作。新版的《孙中山全集》,从计划、酝酿、约稿、编辑到出版,历时亦达二十多年。下面就该书出版的前前后后的情况作些回顾。

二

孙中山为中国的独立、自由和富强而奋斗终身,是深受中国人民崇敬的中国近代民主革命的先行者。早在 1962 年,中华书局拟定出版"中国近代人物文集丛书"的第一批选题中,

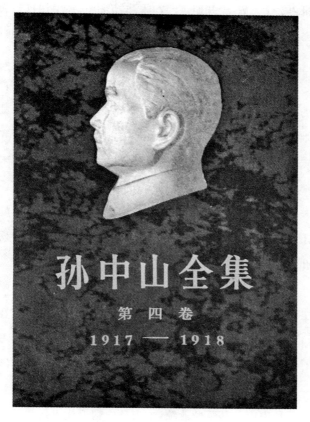

《孙中山全集》

就列有出版孙中山集这个项目。但是这个项目尚未着手进行编辑,"文化大革命"开始了。在十年动乱中,孙中山这位民主革命家的思想和形象也没有避免遭受"四人帮"的歪曲和诋毁。孙中山的研究倒退了。孙中山著作的整理和出版停止了。

然而,林彪江青反革命集团的倒行逆施是抹杀不了孙中山的伟大的革命思想和历史作用的。即使是在十年动乱的艰难岁月中,有些史学工作者还是悄悄地思考孙中山研究这个重大课题。正是在"评法批儒"的高潮时期、"四人帮"末日将临的前夕,中华书局开始与广东省哲学社会科学研究所的有关同志酝酿编辑新版《孙中山全集》事宜。囿于当时的历史条件,该项工作只能是口头商定,编者与出版者双方均无法开展实际工作。

粉粹"四人帮",给中国人民以极大的鼓舞,研究孙中山的史学工作者热情空前高涨。早在1939年毛泽东同志在题为《中国共产党在民族战争中的地位》的报告中,谈到学习问题时曾指出:"从孔夫子到孙中山,我们应当给以总结,继承这一份珍贵遗产。这对于指导当前的伟大运动,是有重要的帮助。"孙中山及其革命业绩,本来是中国近代史研究的主要课题,出版孙中山的著作,也是出版工作的重要责任。为此,1977年11月,中华书局编辑部正式向广东省社会科学院历史研究所发出编辑《孙中山全集》的约稿信。信中认为："编辑出版一部比较完整的孙中山的集子，是一件具有重要政治意义的工作，这对于进一步研究孙中山的思想和活动，深入研究中国近现代史都是完全需要的。"提出该集"要将孙中山的著作尽量收集齐全，以便能够比较完整、系统地反映孙中山的政治思想和革命实践"；要求编者在搜集作品、选定版本、考订写作时间、校订文字异同等方面多下功夫，并希望适当组织人力，开展协作。约稿信表示该项目作为近年中华书局的重点之一，希望在1979年建国三十周年时出版第一卷，全书在三五年内陆续出齐。

广东省社会科学院历史研究所的同志们热情地承担了这任务，并根据上述的编辑原则与要求，立即拟定出孙中山集的编辑体例、计划和首卷的初步篇目，一面向有关单位和个人征求意见，一面呈送有关领导部门，希望得到领导机关的支持与指导。

不过，当时也有同志提出此事似可稍缓办理。但是，中华书局编辑部的同志认为，孙中山是中国民主革命的伟大先行者，对于他的革命功绩，已有过定评，而且不但在中国，在全世界也是一位具有重大影响的人物。建国初期，人民出版社出版了两卷本的《孙中山选集》，选录了六十多万字的重要文献资料,它对研究孙中山起了一定的推动作用。但它毕竟是一部选集,而且出版较早,有大量重要著作未能辑入。为纪念孙中山在中国民主革命过程中所建立的丰功伟绩,推动孙中山研究的深入开展,我们相信现在着手编辑出版这部孙中山集是必要的,而且是应当抓紧进行的,即便从现在做起,也要三五年的时间才能出齐,如若"缓办",势必遥遥无期。基于上述认识,中华书局仍然希望编者把编辑孙中山集的工作继续做下去。

三

1978 年底,党的十一届三中全会以后,全面拨乱反正,学术界和出版界的春天真正到来。《孙中山全集》的编辑出版工作也是从这时候开始得以全面展开,顺利进行。首先扩大了协作范围。孙中山生平著述繁多,出版一部比较完备的《孙中山全集》,需要组织充分的人力投入编辑工作,承编者遂由广东省社会科学院历史研究所,扩大到与中国社会科学院近代史研究所民国史研究室和中山大学历史系孙中山研究室三个单位分工协作,从而加快了编辑工作的进度。在各方面的配合下,该书的第一卷终于在 1981 年纪念辛亥革命七十周年时面世,其他各卷也加快了编辑进度。

《孙中山全集》编辑出版工作,特别是在其第一卷出书后,引起了各方面的关注。1981年,屈武副委员长在纪念辛亥革命七十周年学术讨论会上讲话中,把包括《孙中山全集》第一卷在内的一批图书的出版,作为"标志着我国学者在辛亥革命史这一研究领域已经取得了丰硕的成果,预告着更加繁荣的春天即将来临"。1982年,《孙中山全集》被列入《全国古籍整理出版规划(1981—1990年)》,继而又被列为国家"六五"计划社会科学重点项目之一。1985年10月,邓颖超主席在全国政协六届常委会第十次会议上,建议在1985年11月隆重纪念孙中山诞辰一百二十周年,建议中把出版《孙中山全集》作为纪念活动的一项内容。这次常委会通过了《关于筹备纪念孙中山先生诞辰一百二十周年的决议》。11月30日,中央有关部门发出《关于纪念孙中山诞辰一百二十周年的通知》,其中包括在纪念会前中华书局出版《孙中山全集》十一卷。几年来,在各方面的关心和支持下,正文十一卷现已与读者见面。

海外对于编辑出版《孙中山全集》极为瞩目。早在1980年中华书局出版《孙中山年谱》后,台湾著名史学家吴相湘就在《中国时报》上发表《国父年谱要认真改编——由大陆印行〈孙中山年谱〉说起》文章,文中已注意到大陆除"年谱以外,全集、传记、图集等也在积极准备",呼吁台湾方面加紧增订

《国父全集》和《国父年谱》，告诫说：此项工作"如拟拖延至国父逝世六十周年或诞辰一百二十周年，就落后不为世所重，彼时大陆有关孙先生的年谱、全集、传记或已问世。"在1985年10月邓颖超同志提议在纪念孙中山诞辰一百二十周年时出版《孙中山全集》的消息发表后，外电报道甚至认为，出版《孙中山全集》是"北京为谋求与台湾的国民党政府进行统一谈判而进行的努力的一部分"。1986年1月4日，中国新闻社向海外发表了《孙中山全集》将在纪念孙中山诞辰一百二十周年前出齐的电讯，中央人民广播电台也播发了这条消息，香港《文汇报》、《中报》、《商报》、《东方日报》等，以及泰国《新中原报》均先后作了报道。《新中原报》在头版显著位置的标题是"北京今年底将出齐《孙中山全集》十二卷，八千多篇著作，五百余万字，比台湾出版增二千多篇论著"。

　　《孙中山全集》的出版，不但在中华书局的历史上，而且在我国出版史上也是一件大事。它标志着我国文化学术的兴旺繁荣，标志着在新的历史时期，我们的社会主义祖国已经出现了政通人和、大展宏图的可喜局面。而且对于海峡两岸同胞的文化学术交流也会起到重大的推动作用。

（《回忆中华书局·下编》，中华书局，1987）

关于《中华民国史》

陈　铮

　　我是中华书局近代史编辑室的一名退伍编辑，今天参加《中华民国史》出版座谈会，这是我们期盼已久的一天，感到特别的高兴。

　　孙中山先生临终前说，他致力于国民革命凡四十年，革命尚未成功；诸多学者参与纂修的《中华民国史》历时近四十年，如今已经大功告成。我们同众多的新老作者和新老编辑们一道，共庆《中华民国史》编竣出版的时候，就更加怀念已经过世的、参与编写工作的专家李新、李宗一、孙思白、姜克夫、彭明、夏良才和朱宗震同志，以及中华书局方面的李侃和何双生同志。李新同志是此项工作的老一辈组织领导者，李侃同志则是出版方面的前辈领导人。

　　近代史所编写民国史，启动于 1972 年下半年，而中华书局的李侃同志等同年 12 月末刚从湖北咸宁县文化部"五七干校"调回北京。当时中华书局与商务印书馆合并,两块牌子、一个班子,原中华书局文史哲编辑人员多被缩编为第二编辑室。由于"文革"开始后停止了业务工作,人员下放,回京后没有什么近代史方面的好选题。1973年元旦后上班不久,李侃同志带回了从近代史所接受的承担出版民国史的任务。同年,大约是3月,李侃同志率我首次参加李新同志主持的民国史组会议。会上双方指定了工作联系人,作者与出版者的合作从此开始。

民国史编写工作开展的头几年还处在"文革"时期,曾经有过好心人担心引来麻烦,设想将来的中华民国史如果叫"中华民国兴亡史"比较保险。这是当时特殊历史情况的一种反映。随着"文革"的结束,经过拨乱反正、解放思想、改革开放,史学研究的氛围发生了根本变化。这期间,中华书局也恢复了独立建制,重新组建了近代史编辑室,编制增加,李侃同志走上了领导岗位,这有利于民国史的出版。

从上世纪70年代中期开始,陆续地印制了一批《民国人物传》、《大事记》和大批包括译著在内的民国史资料的征求意见稿,包括翻译的美国、日本、台湾地区的资料,等等。1978年出版《中华民国史资料丛稿》的《民国人物传》第一册。1981年辛亥革命七十周年的时候出版赵朴初先生题签的《中华民国史》第一本。此后，又分别陆续出版，从而引起了海内外学者的关注和好评。今天在座的史学家从1982年开始就曾先后发表评论《中华民国史》的文章。回顾当初，全国研究民国史的机构仅中国社科院近代史研究所民国史研究室一家；其后研究机构逐渐增多，研究队伍分布很多地区和单位，研究成果不断推出，研究和出版民国史已经成为令人羡慕的选题。这种活跃景象的出现，除了史学研究氛围变化的原因之外，近代史所的开拓、推动工作也是非常重要的，功不可没。

半个多世纪以来，中华书局与近代史所建立了传统的合作关系。规模最大的，合作延续时间最长的还数《中华民国史》。尽管中华书局领导几经更迭，但出齐《中华民国史》的目标没有改变。上世纪90年代中期曾与近代史所商定修订《民国人物传》事宜。现任领导班子对此尤为重视，与近代史所商定修订、补齐、出版《中华民国史》工作，并作了具体的编辑出版安排。历经多梯队领导人和研究者的长期耕耘，以及出版编辑方面的长期配合，终于铸就了这部《中华民国史》巨著，完成了历史使命，而且有所发展、创新。

以上透露了一些中华书局方面的工作情况，是我对他们"为书辛苦为书忙"的点滴了解和感受，而非刻意吹捧。

黄仁宇、黄苗子和我

——记《万历十五年》在中华书局的出版

傅璇琮

　　我在中华虽然做过不少编辑工作,编过不少书,但回想起来,黄仁宇先生的《万历十五年》在中华的出版,由我经手,却是最值得回味的。最近翻检旧日书信,见到友人、著名书法家黄苗子先生一信,中说:"璇琮同志:《万历十五年》听说出版了,我还没有看见,可否设法代买一本。黄仁宇先生也好久无来信了。有空来看您。"我手中拿着这一言简情深的信笺,一动也不动,坐了一两个小时,我好像又回到二十年前中华书局颇有特殊情景的生活。

　　黄仁宇先生于 2000 年 1 月 8 日去世。近二十年间,他写了不少有关中国和西方的历史著作,享誉中国的海峡两岸,及日、美与欧洲英、德、法等国。北京的三联书店已出版了好几种他的大部头专著。但他的为人所知,实事求是地说，是从《万历十五年》开始的。这本书的撰写，确实拓新了我们看待历史、观察社会的眼光。虽说该书早已在美国耶鲁大学出版社出了英文本，但寻芳追迹，在东亚和世界产生广泛的影响，还恰是从中华书局 1982 年 5 月所出的中文本开始的。中华书局这一本子，初版一次就印了 27500 册，很快就销售一空，特别在台湾省学界，反应很强烈，认为是难得的好书，接着日本、韩国就相继出了自己的译本。

这样一部书，材料扎实，视野开阔，眼光新颖，文词幽默，而且字数并不多，只不过十八余万字。当时中华书局从 1979 年 6 月接稿，然后审稿、改稿，到 1982 年 5 月才出版（著者拿到书已是那年下半年），也就是化了整整三年时间。这在今天，实在是不可想象的，现在十八余万字的书稿恐怕不用半年就能出书。那时就是这样一步步地走过来。这一段出版过程，很值得今天回顾、思考。

这部书稿，最初是由黄苗子先生与我联系的。20 世纪 70 年代后期，黄苗子先生还住在南小街，当时中华书局在王府井灯市西口，相距不远。由于志趣相近，我们经常相聚，或通信笔谈。1979 年 5 月 23 日，黄先生给我一信，说："美国耶鲁大学中国历史教授黄仁宇先生，托我把他的著作《万历十五年》转交中华书局，希望在国内出版。"在此之前，金尧如同志仍在北京,他在商务印书馆任过职(后调往香港三联集团),陈翰伯同志则在出版局当领导,黄苗子先生信中特别提到这两位同志对在国内出版此书的看法:"第一次寄书稿来时,金尧如同志知道,表示只要可用,就尽快给他出版。这样做将对国外知识分子有好的影响,并说陈翰伯同志也同意他的主张。但书稿分三次寄来,稿到齐时,尧如同志已离开了。"

黄苗子先生希望中华书局早日接受,他在信中还说:"现将全稿送上,请你局研究一下,如果很快就将结果通知我更好,因为他(指黄仁宇)还想请廖沫沙同志写一序文(廖是他的好友),这些都要我给他去办。"《万历十五年》在中国出版,便是从黄苗子先生这封信开始的。接到这封信后,他几次给我打电话,询问书稿处理情况。他希望快一些把"结果通知"他,但在那一时期,实在快不了。

我当时在中华书局任古代史编辑室副主任,接到稿件后,马上通读,并于6月16日写了一份审稿意见。意见一开头作了这样的肯定:

"万历十五年为公元1587年,约当明代中期偏后。这一年并无什么突出事件,稿中记这一年事情的也极少。稿中主要写了几个历史人物,即万历皇帝、张居正、申时行(此二人是宰相)、海瑞、戚继光、李贽。以这几个人为中心,叙述明朝中期的政治(如内阁组织、皇位继承、建皇陵、地方吏治)、经济(如漕运、赋税)、军事(如防倭寇……)、思想等情况,作者企图从这些方面说明中国封建社会的某些特点,正是这些特点导致明朝的灭亡,而这些封建社会的固有弊病也影响后代甚至现代。因此书名虽说是万历十五年,实际是论述明代中期的社会情况,着眼点是较广的。"

我之所以详细引录这段审稿文字,是向读者介绍当时我作为一个普通的编辑,有这样的认识,确还是不容易的,因为那时是 1979 年。在那一时期,这样写,说老实话,我还有一定顾虑,怕肯定得太过分,出政治问题。(因那时出版国外新著似还没有,1978 年 11 月我在完成《唐代诗人丛考》后所写的前言中,虽引录了 19 世纪法国文艺理论家丹纳《艺术哲学》的一段话,作了肯定,但还要批评他不能从经济基础与上层建筑的关系,从阶级与阶级斗争的角度,来阐述文学艺术发展的历史,可见当时环境中的一种心态。)

正因如此,我在上述一段评语以后,对书稿又提出几点意见,一是"作者因为长期居住国外,受外国历史研究的影响,因此写作的布局与文字,和国内现在的写法很不一样","有些地方对外国人可能是必要的,但对中国人就显得累赘多余";二是"据序言说,作者先是用英文写成,后来作者自己又译成中文,但看来作者现代汉语的修养不行",有些地方"辞不达意";三是"序言的后半部分涉及我国现在搞现代化建设的,不好"。这些意见,不是没有道理,但事后回想,还是有鸡蛋里挑骨头的意味。最后还是说:"鉴于作者系美籍学者,出不出此稿,可能有政治影响,因此要慎重考虑。"并提出建议,请别的同志"再审阅一遍,共同商量一下"。

这样,就由古代史编辑室另一副主任魏连科同志(当时该编辑室未有正主任)再审一次,他于9月22日写出审稿意见,邀我连名向上报告。我们倒是明确提出"原则上接受出版"的,当然认为在某些提法及文字上还须做编辑加工。当时中华书局的一位领导,批为"不宜接受","可与介绍人婉言退却",他还在口头上对我说,我们何必要出国外人的书。幸亏其时副总编赵守俨先生明确表示同意出版,而且他还提出,稿中"涉及现实问题之处,似乎在提法上并没有什么大问题",至于以后做文字上的加工,他还认为,"这种润饰,可限于非改不可的地方,不必改变原来写法和风格"。守俨先生治学以严谨见称,但又通达。他那时所作的批语,现在看来确实十分难得。人的见识,往往在关键之处表现出来。

赵守俨先生的意见是9月24日写的,距黄苗子先生对此书稿的推荐信函已有四个月,因此他特别提及:"由于此稿经几个人看过,已耽搁了一定的时间,盼尽速阅示。"意思是要其他几位领导尽早翻阅,作出决定。正因为有这样的表态,这部书稿终于通过了。今天的读者可以从中看到那时出版社对外籍华人作者的书稿,以及书稿中一些不同寻常的表述,是有种种顾虑的。而编辑也是万分的谨慎小心,出这样的一部书是多么的不易。

《万历十五年》是黄仁宇先生最初用英文写成,后由他自己译成中文的,正如黄先生在自序中所说:"本书由英文译为中文,因为国内外情况的差别,加之所译又是自己的著作,所以这一翻译实际上是一种译写。笔者离祖国已逾三十年,很少阅读中文和使用中文写作的机会,而三十年来祖国的语言又有了不少的发展,隔膜更多。"原稿在遣词造句上确有不少难懂之处,因此在征得黄苗子先生同意后,由我请北大求学时同窗好友沈玉成同志对全书作一次全面的文字加工。沈玉成同志也于1958年因"右派"政治问题调到中华书局,我们又成为难友,1969年又同至湖北咸宁"五七"干校,1974年他调到《文物》编辑部工作,"四人帮"粉碎后至中国社会科学院文学所从事于古代文学研究。他头脑灵敏,文笔快,有文采,确是修改、润色书稿的合适人选。

1980 年 1 月,玉成同志将第一章修改完毕,我复阅一过,就由我起草,以中华书局编辑部名义,给在美国的黄仁宇先生写一封信,并将修改稿寄他,信中说明改稿时的几条原则:

一、保持原作的论点和材料;

二、尽可能保持您原有的文字风格,即文言白话交融,具有某些幽默感的语言,同时又希望在一定程度上保持有译文的意味;

三、对某些语意不甚明了的,或并非必要的词句稍作删节;

四、个别段落稍作调整。

信的最后还特别提出:"润色稿如您认为有不妥之处,请径加改正。"这样做,既坚持编辑工作的规范,又充分尊重原稿和作者写作的意向。中华书局自 50 年代起就接触过不少专家学者,"文革"前后,因整理、点校"二十四史",编辑部人员经常与唐长孺、王仲荦、启功、张政烺、王锺翰等先生一起商讨书稿问题,已养成一种不卑不亢、切磋交流的风气。玉成同志在《万历十五年》的文字加工工作上化了不少力气,但当时我们还是表示最后由作者来定稿。

黄仁宇先生对第一章的修改稿表示满意,由我起草的中华书局编辑部 1980 年 3 月 22 日信中即提到:"三月八日寄来尊著《万历十五年》原稿第一章,以及给编辑部与傅璇琮君的信函,均已收悉。沈君之润色稿(第一章)既蒙首肯,则当照此进行,今随函寄上第二章,亦请审正。"这样,我们就把沈玉成同志修改后的稿件,逐章寄给黄仁宇先生,每一次邮寄时都由我拟写一封信,而这些信函都经当时副总编赵守俨先生阅改,可见当时的中华书局对此书稿很认真。我们充分尊重著者意见,同时也不回避我们的看法,如1980年6月6日一信中就提及:"第七章中有一段对马克思的评论,我们认为以删去为宜,或作必要的修改,均请酌定。"

黄仁宇先生对编辑部的信也很认真、重视,每一次接到修改稿后都加回复,有时还谈得很具体;如1980年3月8日的信,还详细解释明代的"杖刑"与"笞刑"有什么区别,以及他原稿中的笔误;他还注意校样中英文字母的错植处,这封信中即提到该稿所列参考书目,其中Ricciane,其第4个字母c,校样中排成e,可见其十分细心。他也尊重我们的意见,为上述提及的关于马克思评论一事,他在1980年6月24日的回信中就表示同意删去:"第七章提及马克思也与论李贽关系至浅,遵命删去。"

当然,他有时认为修改稿的行文风格前后有所不同,与原稿有差异之处,提出一些看法,对此我们也作了解释。如

1980 年 4 月 22 日第四章寄出时,附由我起草,赵守俨签发的编辑部一封信,其中说:"沈君润色稿中某些笔误和材料上的异同,您可径加改正。他曾向黄苗子先生及编辑部表示,他本人并非专攻明史,所以仍以您的定稿为准。又,二、三两章及以后各章的润色稿,亦均出沈君之手。据我们看,行文风格与第一章似尚能一致,或许由于内容的需要以及希望尽可能保留您原作的风格,致使您有差异之感。您在下次来信时,请具体提出您的想法和要求,以便转致沈君再作润色。"

这样,书稿来回修改、寄递,一直到 1981 年 6 月间才大致定稿,并发排,中华书局编辑部于 1981 年 6 月 7 日致黄仁宇先生一信,告知此事,并谓:"因印刷厂排印日期限制,校样以后拟即请沈玉成先生(或转黄苗子先生)阅定,不再寄上(因邮件来往日期太长)。"但黄仁宇先生很认真,还是要看校样,直至 1982 年 3 月 5 日,他才把最后一部分校样阅毕寄还,并在信中表明:"内注释及书目部分曾辗转查核,正文则只粗率看过,亦有以前执笔的地方稍改正三数处。"接着,1982 年 3 月 14 日又写一信,请改正数字。读者可以想见,这本不到二十万字的书,不论原稿、校样,经中、美两地的编者、作者反复阅看,差不多经历两年半的时间,可以说是慢工出细活,这在现在也是很难想象的了。

接下来就是出书,出书就涉及稿酬问题。黄仁宇先生于上述 1982 年 3 月 5 日信中即已表示:"杀青之日,仍遵原议,著者不受金钱报酬。"但中华书局仍与黄苗子先生联系,托他征求著者关于稿酬支付的意思。黄苗子先生分别于 1982 年 4 月 20 日、5 月 21 日给中华书局编辑部两封信,5 月 21 日信中还附上黄仁宇先生同年 5 月 7 日的信,黄仁宇先生对沈玉成同志的修改稿是满意的,他在书前的序言中还特别提及:"幸经中国社会科学院文学研究所沈玉成先生将中文稿仔细阅读一过,作了文字上的润色;又承中华书局编辑部傅璇琮先生关注,经常就各种技术问题与笔者书函磋商。所以,本书与读者见面时,文字方面已较原稿流畅远甚。"正因如此,他表示,他不收钱,只要书,希望中华书局多寄他一些,以便他分送海外学人,但同时又说,数量不必过多,怕"印数不敷分配"。他明确提出,将稿酬的三分之一交给沈玉成先生,还说,再有一部分给黄苗子、廖沫沙两位先生,作为联系此事的"车马费"。关于后一点,黄苗子先生两封信中都提出免收,他于 4 月 20 日信中说:"关于廖沫沙同志的封面题字,你局当然照向例付酬,此外并无其他所谓'奔走'费用,黄先生不了解国内情况,已代解释。"实际上黄苗子先生为此书操心出力,已远超于一般的"奔走"。这是君子之情。附带说一下,黄仁宇先生本是请廖沫沙先生为此书写一序言的，但后来廖先生由于健康原因，未写序，只题了书名。

黄仁宇先生在祖国大陆有一位妹妹，在广西桂林橡胶设计院工作，黄苗子先生曾问及是否能够予一部分稿费，仁宇先生说可以考虑，但信中说："但如贵局愿付与少量报酬，笔者亦不阻挡，只是人民币三十元、五十元之间则已至矣尽矣，再多一分即与鄙意相违，亦陷笔者于不诚。"这样的数字，我们现在实难以想象。黄仁宇先生一再表示，他只要书，不要钱。两位黄先生作为文化人士，在那一时期这种不同寻常的心态，很值得回顾、研思。

这是 1982 年初版印出时的情况。上面说过，1982 年初版印数为 27500 册，很快销售于海内外，此后即有日文、韩文、德文、法文等译本，这就牵涉到著作权的问题，需按有关规定办理，不能像 1982 年那样纯粹是君子一言而定。这就要签订各种出版合同。1981 年我已任中华书局副总编，不在古代史编辑室，因此《万历十五年》正式发稿时就由北京大学中文系古典文献专业毕业来中华的王瑞来同志担任，以后涉及再版等合同事，则由此后任副总经理的邓经元同志及对外图书贸易部主任许宏同志办理。当时中华书局对市场经济下的著作权问题，还不是很熟悉，这从 1994 年 10 月 17 日黄仁宇先生给我的信中可以看出。到这时,《万历十五年》除英文原版及中文版外,已有日、韩、德、法文版,但中华书局那时寄去的合同草稿,还写中华书局享有"全世界"版权,黄仁宇先生对此提出异议,表明他毕竟在国外,除华夏的君子情谊外,还是有清醒的市场意识的。关于此事,后由邓经元同志起草一信,于1994年11月上旬致函黄先生,信中谓:"上次信中附上的由傅先生签字的合同,是我局通用的重印合同。当时未细加斟酌,诚如您来信指出的,其中确有不妥之处,如称有'全世界'版权字样,等等,谨致歉意。现草拟另一份寄上,您可以修改补充,待双方同意后再签字。"邓经元同志处理很得体,事情也就圆满解决。

这一本不到二十万字的书,从编辑部审稿,修改,看校样,直至出书,竟化了三年有余的时间,这当然有当时的客观环境。但书籍是一种文化产品,作为一种文化成果,当时中华书局编辑部与著者合作,还有黄苗子先生周旋,用三年时间出这一精品,还是值得的。

2001年10月

(《书品》,2002年第1期,中华书局)

走进中华
——《学林漫录》忆旧及其他

傅璇琮

　　我于 1951 年秋入清华大学中文系求学,至 1952 年 8
月,随我国高等学校院系大调整而就读于北京大学中文系,
三年后毕业留校,担任浦江清先生主讲的"宋元明清文学史"
课的助教。本以为就此可以在大学教学和科研的坦途上前
进了,不料在 1958 年年初,因所谓的"同人刊物"问题,与乐
黛云、褚斌杰、裴斐和金开诚等人一起被诬为"右派集团"而
身心俱受打击。

　　1958 年 3 月,我从北京大学被贬逐至商务印书馆。我
在北大是教书,只不过三四年,而且那时只是个助教,跑腿儿
的机会多,真正上堂讲课不过少数几次;到出版社是编书,倒
是每天与书打交道了(当然,"文化大革命"中有几年除外),
编书生涯占去了一生中的大半辈子。但现在稍稍作一些回

顾,编出的书真能惬意的,却也似乎不多。能说得过去的,我觉得只有《学林漫录》丛刊那一种。

到"商务"那会儿,也不过是二十五六岁的青年,但自我感觉似乎已入"中年"。那时"商务"在北总布胡同 10 号,由几个四合院组成,都是平房。

我所在的古籍编辑室,正好是在北屋西头,面对的是一个颇为典雅幽静的小院子。室主任吴泽炎先生打算在由云龙旧编的基础上重编《越缦堂读书记》,他可能觉得需要一个帮手,也或许看到我刚从大学出来,得收收心,就叫我帮他做这件事。

步骤是将由云龙的旧编断句改成新式标点,并再从李越缦的日记中补辑旧编所遗漏的部分。李慈铭也可以算是我的乡先辈,大学念书时读《孽海花》,对书中所写的他那种故作清高的名士派头感到可笑,但对他的认识也仅此而已,现在是把读他的日记当作一件正经工作来做了,对这位近代中国士大夫中颇具代表性的人物及其坎坷遭遇了解稍多,竟不免产生某种同情。我虽然头上已戴了"帽子",但那时对脑子里的"东西"却似乎还拘查得不严。

我是住集体宿舍的,住所就在办公室后面一排较矮的平房里,起居十分方便。一下班,许多有家的人都走了,我就搬出一张藤椅,坐在廊下,面对院中满栽的牡丹、月季之类,就着斜阳余晖,手执一卷白天尚未看完的线装本《越缦堂日记》,一面浏览其在京中的行踪,一面细阅其所读的包括经、史、子、集的各类杂书,并在有关处夹入纸条,预备第二天上班时抄录,真有陶渊明"时还读我书"的韵味,差一点儿忘记了自己的"罪人"身份。

但好景不长,1958年7月,由于几个老牌出版社"专业分工"的确定,我又被调转至中华书局,随即转入纷繁的编书生涯,"商务"那段短暂而悠闲的生活结束了,从此,"此情可待成追忆"(李商隐《锦瑟》语)了。

当时的中华书局总编辑金灿然告诫我:"你就在工作中好好改造吧,安心看稿。"他懂得爱惜专业人才,并不让我去"下放劳动",而是把我圈在作者的书稿中,专致于编辑业务。我为审读有关书稿,就上自《诗经》下至《人境庐集外诗》地翻阅了不少书。

按照我当时政治处境,是不能写文章往外发表的,于是我白天审读、加工稿件,晚上看我要看的书。当时我处理陈友琴先生的《白居易诗评述汇编》,我提议由中华书局搞一套"中国古典作家研究资料汇编",领导同意这一方案,于是把陈先生的这部书改名为《中国古典作家研究资料汇编·白居易卷》……我自己就搞《黄庭坚与江西诗派卷》和《杨万里范成大卷》。

我平时从中华书局图书馆借书，夜间翻阅。每逢星期天，则到文津街的北京图书馆看一天书，中午把早晨所带的馒头伴着图书馆供应的开水当一顿午饭。我的近二十万字的《杨万里范成大研究资料汇编》和七十余万字的《黄庭坚与江西诗派研究资料汇编》，就是在这种情况下编出来的，这也就是我真正做研究工作的起点。我没有荒废时间。

我那时就想尝试一下，在出版部门长期当编辑，虽为他人审稿、编书，当也能成为一个研究者。我们要为编辑争气，树立信心：出版社是能出人才的，编辑是能成为专家学者的。

《杨万里范成大卷》于1964年出版，《黄庭坚与江西诗派卷》亦于1978年出版。关于山谷研究资料一卷，我曾寄送钱锺书先生，以求指正，且当时亦未识得荆州。不久即收到钱先生赐函，得悉钱先生已阅过《杨万里范成大卷》，有奖褒后学之厚意，更使我坚定走编辑学者化的道路。钱先生函摘录如下：

璇琮先生著席：

十数年前得见尊纂石湖资料，博综精审，即叹可悬诸国门，为兹事楷模……心仪已久，顷奉惠颁新著，望而

知为网罗无遗之巨编,沾丐何极。山谷句云:能与贫人共年谷。断章以谢隆情厚赐,亦本地风光也。先此布怀,书不尽意,即祝

起居安隐,文章富有。

钱锺书上,二十六日。

李文饶言好驴马不入行,研究所乃驴马行耳。一笑。

应当说,中华书局三十年的工作,打下了我做学问的底子。我始终对这个环境是有感情的。我在《唐代诗人丛考》(中华版)2003年重印时的"重印题记"中说过:我在编辑工作中学到了那时大学环境中学不到的许多实在学问,这也得力于中华书局在学术界的特殊位置。但后来却又受到一种莫名其妙的压抑、欺凌,以及因所谓世态炎凉而致的落井下石的遭遇。但我这个人毕竟是个书生,从上世纪50年代起,不管环境如何,总是抓时间读书作文。

不过,头几年的事务也确实丛杂得够呛。

刚到中华书局文学编辑室,即碰到新编唐诗三百首之事。在1958年的大浪潮中,对古人一切都要推倒重来,说是清代乾隆年间蘅塘退士的《唐诗三百首》"美化封建社会",对今天的读者毒素很大,我们要新编一本来加以"消毒"。新编当然

无可厚非,问题是依据什么"标准"。既然旧编"美化封建",我们现在就要反旧编之道而行之,揭露封建社会的黑暗面。于是以民间作品为主,把相传为黄巢的"反诗"以及民歌民谣优先选入,再收白居易、杜荀鹤等所谓反映"民生疾苦"的作品。

编辑室内屡次为某些作品入选与否争来争去,编辑室一位副主任,可称"三八式"干部,后来总结这次新编的工作,认为自始至终贯串"两条路线"的斗争,无疑是把我和其他几位列入错误路线中去的。她解放前曾在邓拓手下做过事,有老交情,于是请邓拓当顾问,这本"新编"的前言即出于邓拓之手。当时大家都洋洋自得,认为牌子硬。

殊不料"福兮祸所伏",1966年上半年批"三家村"时,把《新编唐诗三百首》也揭发出来了,说是邓拓借选诗,把唐诗中描写黑暗的作品大量选入,是借此攻击"大跃进"、"总路线",把一个好端端的新中国搞得暗无天日、一塌糊涂。

那时我还在河南安阳农村搞"四清",春夜静寂时,读到《人民日报》上的这一揭发批判文章,真是惊得目瞪口呆。因为我是参与者,明明白白知道诗是编辑室内的人选的,只不过选成后邓拓看看,怎么忽而变成是邓拓选的了,而且是邓拓借此而作为"反党反社会主义的工具"了!安阳是殷墟的旧地,甲骨文是我们文明的老祖宗,我倚伏于中原大地上一个农家的昏微灯光下,面对着这篇"檄文",真感慨于我们古老的历史传统中一种可怕阴森的东西。

《新编唐诗三百首》工作于 1958 年 10 月间结束,随即转入杂务。记得我刚进中华书局时,一位编辑室主任曾给我一部明季抗清的文臣写的文稿《邢襄奏稿》和《枢垣初刻》,叫我写一篇"出版说明";后来还经手过顾颉刚先生标点的清人姚际恒的《诗经通论》;第三部是《顾亭林诗文集》,除了通阅、标点外,还要各写数千字的有评析的说明文字。1958 年至 1959 年间文教战线"拔白旗、插红旗",北大中文系师生编了一部陶渊明研究资料汇编,编辑室领导又命我做该书的责任编辑。而自 60 年代初期起,我又参加"二十四史"的校点。这样的一种上下千余年的工作,对于像我这样不到三十岁的人来说,也可以说是一种"锻炼",但它们对于我也是一种事业上的兴趣,并不只是作为一种"任务",我在理智上觉得应当把它做好。

而对于《学林漫录》,则完全是出于一种趣味上的爱好。1979 年至 1980 年间,我任中华书局古代史编辑室副主任。由于工作关系,我在古典文学界之外,又结识了历史学界不少老年和中年学者,交友面比过去稍广了。我感到史学界的研究者,专业性似乎比古典文学界为强,对学术课题钻研较深,但他们与古典文学界中一些朋友一样,大多希望在专业范围之外,浏览一些虽然也是学术问题却比较轻松的漫谈式的文章。这时,我正好从朋友处看到香港出版的《艺林丛录》,受到启发,觉得不妨也编这样一种不定期的学术小品集。这正是《学林漫录》初集"编者的话"所说的缘起:

> 不少文史研究者或爱好者,愿意在自己的专业领域内,就平素所感兴趣的问题,以随意漫谈的形式,谈一些意见,抒发一些感想。而不少读者,也希望除了专门论著之外,还可读到学术性、知识性、趣味性相结合的作品,小而言之,可资谈助,大而言之,也可以扩大知识面,开阔人们的眼界,启发人们的思想,丰富人们的精神生活。《学林漫录》的出版,正是为了适应这样的要求。

至于编选的宗旨,仍用"编者的话"说便是:

> 《学林漫录》的编辑,拟着重于"学"和"漫"。所谓"学",就是说,要有一定的学术性,要有一得之见,言之有物,不是人云亦云,泛泛而谈,如顾炎武所说的"废铜"。所谓"漫",就是上面说过的不拘一格的风格与笔调。杜甫在他定居于成都时,写了一首《江上值水如海势聊短述》的七律,有这样两句:"老去诗篇浑漫与,春来花鸟莫深愁。"是很有意义的。杜甫在他后期,诗律是愈

来愈细了，但自己却说是"漫与"，似乎是说诗写得不怎么经心了。这是不是谦词呢？不是。老杜经历了大半生的戎马战乱，在离乱的生活中积累了丰富的实践知识，稍有闲暇，又读了不少书，只有在这样的深厚的基础上，才能写出"浑漫与"三字，就是说，看来不经心，其实正是同一篇诗中所说的"语不惊人死不休"的。拿杜甫这首诗中的诗句，来为我们这本书的"漫"字作注脚，恐怕是合适的。

其时，黄裳先生是刊物的作者与读者之一，他曾来信鼓励说：

> 刊物印刷装帧皆佳，虽出版少迟，亦可满意也。尊撰"大政方针"极是，近来"正经"学术刊物甚多，然质量殊不足与招牌相符。原因可能是人材寥落，后继者少。鲁迅有言，不妨大家降一级试试看，即试写此种小文，不端架子，反能少有新意，亦未可知，不知以为如何。

《学林漫录》第一集出版于1980年6月。这一集是我一个人编的，筹备了大约半年，向一些文史界相识师友组稿。先是向我素所敬仰的启功先生索文，他欣然先写两篇，一是《记齐白石先生轶事》，一是《坚净居题跋》。启功先生的这两篇可以说是代表《学林漫录》的两大部分内容，就是记述近代有建树的学者、作家、艺术家事迹的文章,以及包括各种内容的学术小品。这在当时,对不少读者来说,都有一种新鲜感,因此,颇受文史界以及其他行业中人的欢迎。正如第三集的"编者的话"所说:

> 读者欢迎已出的初集和二集,大约就在它的别具一格吧。所谓别具一格,从内容上说,就是所收文章的面较宽。举凡近当代一些学者、作家、艺术家事迹的记述,诗文书画的考析和鉴赏,古今著作的推荐和评论,以及读书随笔、序跋札记,只要有一得之见,言之有物,均可登载。另外,从文章的风格上,我们主张不摆架子,不作姿态,希望如友朋之间,促膝交谈,海阔天空,不受拘束。

初集问世以后,我因其他事忙,就约了古代史编辑室的张忱石和文学史编辑室的许逸民两位合编。他们当时还不太忙,三人共同商量,事情就好办得多。《学林漫录》刊登学者、作家、艺术家的事迹,在当时为其他刊物所少见,而约请的写作者一般都是这些学者、作家、艺术家们的朋友、学生或亲属,亲炙日久,了解自深,行文又自然、真挚,读来使人备感亲切。这是《学林漫录》的一大特色。前后所记述的有齐白石、陈寅恪、张元济、朱自清、陈垣、黄侃、邓之诚等四十几位人物。

《学林漫录》的文章一般只不过两三千字,是希望不要给读者以过重的阅读负担。有的还仅数百字,如俞平伯先生的《德译本〈浮生六记〉序》(第八集)和钱仲联先生的《重修破山寺碑记》(第十二集)。前者是吴小如先生约来的,后者是许逸民同志和我有一次与钱先生一起开会,钱先生随便谈起时向他约的。两篇都用文言写:俞先生的序潇洒清脱,一如晚明风格;钱先生的记则奥义丽辞,直追六朝译经。

但《学林漫录》所收也有长文章,一是时任上海古籍出版社总编辑的钱伯城。一次我到上海去,他说他写了老画家颜文梁先生年谱,几万字,当时哪家刊物都不能登,颜先生虽然无论人品画品都可称为近代中国油画界的佼佼者,但人老了,知道的人不多了,实在遗憾得很。我遂以不拘一格为由向张、许两位推荐,在第六集一次性刊出。想要了解 20 世纪二三十年代中国油画的发展,此文是非读不可的。

另一长篇是北京大学吴小如先生的《京剧老生流派综述》。这是吴先生的旧作,比钱伯城同志所作的年谱更长,从谭鑫培一直说到周信芳,共八篇,总计超过十万字。这样当然不可能一集刊完,于是与小如先生商定,每集刊两篇。本以为这样的专门记述不易为众人所注意,却不想引起轰动效应,不但像启功先生那样的大学者赞不绝口,据我的大学同窗白化文介绍,北大一位化学系教师,每集必捧读吴先生的这一长篇连载,寝食俱废。更怪的是,据他说,有一位肺癌晚期的在我国工程技术界颇有建树的长者,于平静的回光返照中,对自己的一生是满意的,别无眷恋,只惦记着要看看吴先生对马连良的评议最后究竟如何。

我们几个人还立了一个规矩,那就是从初集起,每一集的"学林漫录"四字,都分别约请一些学者或书法家书写,这样集合起来不啻是当代名人书迹,不但有观赏价值,还有文献价值。初集由我约了钱锺书先生题签,以后几集则是下列诸位先生:启功、顾廷龙、叶圣陶、邹梦禅、黄苗子、许德珩、许姬传、张伯驹、李一氓、赵朴初、王蘧常、任继愈等,这也是别具一格之处。封面设计也是一贯的素雅沉静的风格。

自从1980年6月出版《学林漫录》初集以后,就进度和印数来说,可以说每况愈下,特别是在1988年出现了大滑坡。我曾就各集作了一个统计:初集1980年出,印了三万多册;第二、三、四集是1981年出,第五、六集是1982年出,第七、八集是1983年出,第九集是1984年出,这几集印数都在一万数千册。1985年倒也出了两集(第十集、十一集),印数已跌进一万以内了。而1985年以后,1986、1987两年都是空档,1988年1月才出了第十二集,印数只有两千五百册。

这当然要亏本,出版部的同志不热心,经营管理的同志也提了意见。而相识的朋友,包括不少作者,是仍然很关心的,见到必问有新的出来否?有的开玩笑地说:《学林漫录》的"漫"应该改为"慢"了。

结果第十三集于1991年5月出版,印一千册;八年后出版了第十四集,印四千册。后来又把它们集合起来,换了封面重印过一次。中华书局拟陆续新编,但恐怕不可能每年都编辑新集了。

在编辑《学林漫录》的过程中,我对于那些谈书人书事的文章就十分有兴趣,先后主张刊登过《傻公子的"傻贡献"——嘉业堂藏书楼的过去和现在》(许寅)和《书林琐记》(雷梦水)等,但毕竟侧重点不同,所用文章有限。多年前,在编纂《中国藏书通史》问世以后,曾与北京大学图书馆学系1984届毕业、到南京大学工作后曾经有过多次学术合作的徐雁教授谈及,在此领域尚有文章可做。他表示即可筹划一套《书林清话文库》,大可裨补学坛,沾溉书林。我以为文库的立意颇佳,有关各书的选题,如韦力先生的《书楼寻踪》、曹培根先生的《书乡漫录》、孟昭晋先生的《书目与书评》、刘尚恒先生的《二余斋说书》、谢灼华先生的《蓝村读书录》、周岩先生的《我与中国书店》以及来新夏先生的《邃谷书缘》、徐雁先生的《苍茫书城》、虎闱先生的《旧书鬼闲话》、林公武先生的《夜趣斋读书录》、胡应麟等的《旧书业的郁闷》、范笑我先生的《笑我贩书续编》,都极有文献价值和文化涵义。

按20世纪初叶德辉曾著有《书林清话》一书,以笔记体裁记叙古代版刻、藏书情况,多有专门知识性的掌故。但他未说及何以名为"清话"。按陶渊明有诗云:"信宿酬清话,益复知为亲。"(《与殷晋安别》)他与挚友临别,可以连续两夜(信宿)谈话,即清雅不拘世俗之交谈,故更为亲切。又"建安七子"之一刘桢有"清谈同日夕,情盻叙忧勤"(《赠五官中郎将》之二);东晋时名士殷浩因事离开京都,宰相王导特约其共叙:"身今日当与君共谈析理。"于是,"既共清言,遂达三更"(《世说新语·文学》)。可见清话、清谈、清言,都有情深思切、朝夕细叙之意。我想,读者披览这套文库,也必有此感。我读韦力先生之《书楼寻踪》、周岩先生之《我与中国书店》,既有一种沧桑之感,更有对书林的缅怀之情。现在在邓子平先生的倾力支持下,经过两年多的组稿,基本形成了如今的格局。来自各地的作者们的书稿,尽管各自的侧重点有所不同,但他们钟爱书籍文化、探究古今图书的学术趣味却是共同的,想读者必会有"交酌林下,清言究微"(陶渊明《扇上画赞》)之趣。

(《出版史料》,2005年第2期)

回味是美好的
——参与创办《文史知识》纪事

黄　克

　　牧之送我他的新著《编辑艺术》。

　　牧之的文笔一向平易而潇洒,引人入胜;这次因为行文多涉《文史知识》,所以读来尤觉亲切。

　　本人拙于做,懒于思,无能探讨什么编辑的艺术。虽说毕生从事编辑生涯,编书编刊也做了一些事情,却如"黑瞎子掰棒子",只忙于过程而少于归纳,故而在牧之兄敏于思考勇于探索面前只能是自惭形秽。牧之研究创办《文史知识》的经验已经十分全面了,我作为他的合作伙伴很难再有什么补充和发挥,不过,回顾创业之初的艰辛,并肩协力的默契,倒也思潮起伏,其乐融融。

一

　　我和牧之都是 1972 年参加当时刚刚恢复的中华书局工

作的。他是从干校回到中华,我则是从剧协分配到中华,都编在当时的文学组,始而编"活页文选",继而与工农兵三结合,一起"评法批儒",注释法家著作,分工尽管不同,一样地全身心投入。或编或写,虽也免不了蹈袭"两报一刊"的观点乃至语言,但具体注释起古典原著来,则又小心求是,不敢妄加判断,肆意发挥。受命于领导,老实做编辑而已。至于命运安排,机缘凑巧,有了不同的走向,又岂是我辈小小编辑自己所能左右的呢?

拨乱反正,中华和商务分署办公之后,牧之调到总编室去编"古籍整理简报",我仍在文学编辑室看书稿,工作逐渐步入正轨。1980年下半年,总编辑李侃同志突然把牧之和我找去,给我们布置了个新任务:办个普及性刊物,定名为《文史知识》。刊名已经明明白白,因而也没有提什么更多要求。

总编大人的信任,没有让我们为难,反而油然而生一种创业的冲动。在我们看来,历经十年文化浩劫,文史知识也出现了一代的断层,如何兴废继绝,把被惨遭遗弃、扭曲的古代文化重新拾掇、匡扶起来,是专事古籍整理出版的中华书局的责任,也是我们这一代"文革"前培养的年轻文史工作者的义务,所以《文史知识》确立的知识普及的方向应该是大有可为的。牧之是北大古典文献专业出身,干起来自可驾轻就熟,而我却还缺着这门功课,尚需从头学起。我甚至想,这个刊物办好了,可以成为培养古籍整理专业人才的启蒙读物,我也可以干中学了。这样的考虑就决定了《文史知识》的读者对象,应该是中等偏上文化水平的读者,具体来说,就是当时的大学生和中学教师。

明确了读者对象,也就相应地设想了一些栏目。只是闭门造车,总不能如意,这时亟思参照同类型的刊物,以资借鉴;眼前又没有,于是想到了当年余冠英先生主编的《中学生》杂志,于是我们走进了朝内大街 203 号那座著名的社科院宿舍,推开了余冠英先生家的风门。

余先生是位十分平易近人的学者。话题就从他当年搞的《诗经今译》开始。他说:解放初,基于给苏联老大哥提供中国古典名著普及读物的需要,科学院布置,我们做了分工,郭沫若搞"楚辞今译",我就搞起了"诗经今译"。《诗经》,特别是其中的《国风》,其实就是流行于春秋各国的民间歌谣,所以我的白话今译的工作也就借鉴了民歌的传统,力图做到通俗易懂,体现民间文学刚健清新的风格。结果是出乎意料的好,不仅专家认可,广大青年学生也特别喜欢。说者无意,听者有心。我们从余先生的谈话中竟得到了一种启发,那就是专门家写通俗文。余先生是专治汉魏六朝文学方面的权威,但是"国中属而合者"并不多,倒是他的《诗经今译》为他获得了偌大的名声。犹如周振甫先生之治《文心雕龙》少为人知,但他的《诗词例话》却为许多青年学子所熟读。专门家撰写知识性读物,没有专门著作那样的深奥,然而以其权威性所做的知识普及工作却更容易得到年轻人的信赖,成为莘莘学子的良师益友。组织大专家撰写小文章,这不正是我们创办《文史知识》所应遵循的宗旨吗?我们的思路豁然开朗。顺便提一下,余先生此后就一直关心《文史知识》,不久交给我们一篇《诗经今译》的新作,译注的是《国风》中的《株林》一篇。

具体谈到《中学生》,我们问到其中颇有影响的一个栏目"文章病院"该怎么搞。余先生说,关键是选好有典型意义的"有病文章",才能给青年读者以匡谬正俗般的指导。我们正愁找不到这类"病文",恰恰这时,白化文先生拿来了自己的一篇经过叶圣陶老人修改过的文章。叶老修改处,工整细致,一丝不苟,本身就是珍贵的文献。

白先生学识渊博,其时正在往母校北京大学调动。他又是个热心人,《文史知识》草创时期贡献尤多,他拿来"有病文章"现身说法,颇让我们感动。其实他写的是一篇探讨青铜器的专业性很强的文章,曾请叶老审阅,叶老也字斟句酌地做了修改。后来文章在《文物》上发表，而叶老的修改稿也就保存了下来。现在拿出来昭示天下，虽其间并无鲁鱼亥豕之类的小误，有的也不过学术问题的商榷，但白先生敢于拿出来，其勇气也是令人佩服的。即或如此，也还需要征得叶老的同意，于是我们将原件先行寄出，然后跟牧之一道如约到东四八条叶宅去拜望。

是叶至善先生把我们引进房间的，随即从后屋请出叶老。那是多么慈祥的长者啊，一边让着两位年轻的编辑吃茶，一边把已重新阅过的他当年修改过的文章交给我们，并表示只要原作者同意发表，他是没有意见的，还让我们代向原作者致意。看来他也挺欣赏原作者的勇气哩！浓重的乡音，我们听起来有些吃力，亏得一旁的叶至善先生代为翻译解说。这就是发表在《文史知识》创刊号上的《叶圣陶先生对〈青铜器浅谈〉一文的修改意见》。惜乎像这样大家改名家的文章太难找了，因此这一仿效"文章病院"的栏目，也就虎头蛇尾，难乎为继。

二

从受命就确定了第二年出刊的期限，在不到半年的时间里，我们使出了全身解数，动员了自身所拥有的全部人力、物力资源。所谓"人力资源"就是师友关系。牧之出身北大，"资源"当然雄厚，北大也就成了我们跑得最勤的掘金宝地。大家不妨翻翻前几期的作者队伍，以北大、北师大、南开为多，《文史知识》几乎成了四十年后"西南联大"的同仁刊物。至于所谓的"物力资源"，则是我们的自行车，在书局当时只有我和牧之的坐骑是永久牌13型锰钢自行车。当时个人家中安装电话还不普遍，所以组稿、办事，不论远近，都靠骑车；那时也没有留饭的习俗，完事就走，一般半天就把任务跑回来。以去北大为例，从王府井大街36号骑到北大南门，算了算，即或是寒冷的冬天也不过52分钟。一路上边说边笑边擘划，那是挺愉快的事。

正因为倾力为之，所以我们对创刊号也倍加珍惜，精雕细刻，特别用心。牧之请了中央党校教务长宋振庭和教育部副部长董纯才两位重量级人物撰文，在创刊号上为《文史知识》鼓吹。而第一篇"治学之道"就是业已定居北京的词坛宗师夏承焘先生的《我的学词经历》。在该文的"补白"部分特别选了《列子·汤问》中的"薛谭学讴"的故事，包括了正文、今译，并附以结合夏老文章精神鼓励青年学子刻苦治学，切莫浅尝辄止的"小议"。这种利用"补白"选择有关笔记加以译评竟一度成为《文史知识》的定式，不仅充分利用了版面，也能给学生以小启示。听说当年的高考试题有两则笔记就是《文史知识》的"补白"中引用过的,成了《文史知识》的新卖点。这既在情理之中,也是意料之外的事了。

封面设计我们请了商务印书馆的青年美术编辑范贻光同志,希望他能突出刊物兼顾文史的特点,搞出点新鲜样儿。最后他设计出一个四方图案,四角选用四块瓦当造型,分别标识着青龙、白虎、朱雀、玄武四个图象,作为中国古代文化的图腾,它蕴涵了东西南北、左右前后等方位性的丰富文化内涵,似乎可以借以体现《文史知识》的文化传承。这个封面虽嫌板了一些,但寓意宽泛,颇耐琢磨,可谓别出一格。我们特别利用补白,据以介绍了有关的文化史知识。

《文史知识》第一期试刊号是通过新华书店经销的(从第四期起交邮局发行),出版消息一经"京所通讯"刊出,我们就一再打探全国各地的征订情况(发现人口大省山东征订上来的数字不理想,我还专程跑到济南省店去做工作),最后报上来的订数竟有十万之巨,我们着实兴奋了一番。而中华书局总编室主任俞明岳同志竟慷慨解囊,自费购买了500册,分送亲友,广为宣传。他兴致勃勃地跟我说起:我通读了一遍,这个刊物办出了中华书局的特色,除了平实的知识性介绍,像"文学史百题"、"历史百题"(这是我们借用当年《中学生》

上的栏目)、"怎样读"之外,还敢碰学术界的尖端话题。他指的是罗宗强的文章,文章巧妙地以郭老前后两篇观点相悖的论著的题目作题目,成《诗歌史上的双子星座——李白与杜甫》,反驳了扬李贬杜的错误观点。俞明岳老人是《文史知识》创刊号的第一个热心读者,也是第一个积极的订阅者,给我们以极大的信任和鼓舞,在《文史知识》创办史上是应该记上一笔的。

当然,最浓重的一笔应该记在李侃同志的头上。是他做出的决策,让中华书局走出高贵的学术殿堂,视普及文史知识为己任,使一个从事古籍整理的专业出版社更贴近青年学子,从而扩大了书局的影响。李侃同志是研究中国近代史的专家,对他的专业我知之不多,只看过他撰写的呼应社科院黎澍同志对十年动乱祸害学术的反思文章,振聋发聩,受到启发。创办《文史知识》是否也是在反思后的举措呢?我不得而知。不过,他的领导方法还是挺让我们感佩的,那就是大胆放手,充分信任,即或碰到问题也是多方支持,鼓励有加,从无挑剔责备之事。实至名归,不少场合人们都称赞他主编的《文史知识》办的好,他总是谦称:我没做什么事,我只是选对了两个人,让他们放手去做。一次他提起,民族学院的贾敬颜教授(辽史专家)劝他不要"与民争利",他对我们说：这事跟你们无关。中华书局怎么就不能走出去呢？走出去了，扩大了影响，怎么能说是"与民争利"呢？人说领导的艺术就是出主意，用干部，李总确实做到了这一点。

三

其实，我在《文史知识》只干了一年多不到两年的时光，干到 1982 年改为月刊的第 3 期就离开了。李侃同志找我说，我是把你从文学室借来的，当初讲好借一年，现在已经一年多了，人家几次来催，再拖就说不过去了。当其时，牧之主持工作已很得手，编辑部人员也陆续配齐，于是我又回到了文学编辑室程毅中同志的麾下。

在《文史知识》的时间尽管短暂，却留下许多美好的记忆。比如创办之初，除牧之和我外，只陆续调进余喆和华晓林两位帮手，刊物的一应杂务全由他们包了。我们还一道用自行车驮着刊物到甘家口物资礼堂，周振甫先生在礼堂里面给电大学员讲授文史知识，我们则在礼堂外面利用学员课间和下课的空隙，于簇拥中叫卖《文史知识》，那也是一种豪情的抒发啊！我们还联系发行部派车到北大、人大去售书，除了《文史知识》，也带上书局别的出版物。大学学子争相翻看，踊跃购书的场面，也为校园平添一景。中华书局送书上门,似乎还是《文史知识》的青年人首创的呢!

《文史知识》不仅受到青年学生的欢迎,也得到专家学者的青睐。记得北师大教授刘乃和先生,不仅积极为刊物撰稿,还说:《文史知识》我每期必看,它对一些资料的爬梳整理很实用,我开"中国通史"课用得着,省了不少查找的力气。

一次我们还接待了一位稀客,那是上海古籍出版社的何满子先生,他造访中华书局,特别爬上五楼来看我们。我和牧之热情接待了他,并请他到隔壁萃华楼午餐。何满子先生是治古典小说的专家,他那关于《西游记》是"神魔小说"的观点一出,引起学术界的热烈争议。他对《文史知识》的创办鼓励有加,说到兴处,呼酒豪饮。我们当时尚不会饮酒,然听到前辈奖掖,也似饮到了甘露。

还记得一事。一日,来一读者送稿,自称新华社摄影记者童大林,稿名《阳关之谜》,说是沿长城拍摄所得。这是颇为警人的题目。阳关,通往西域的丝绸之路上的重要关隘,王维那著名的诗句"劝君更尽一杯酒,西出阳关无故人"即指此。但遗憾的是,这样一个中西交通的重要枢纽,宋代以降就不在国人的视野之内了,成了千古之谜。文章作者经多年多次实地考察,终于确定了这座文史古迹的方位,就在敦煌西南方向。随文附有一张照片,竟是广袤无垠的漠海中的一座土丘。文中的考索无疑是确实的,只是作者常年在吉普车上劳顿,于行文上不甚讲究。我们请刚调来的四川佬儿刘良富同志先行动笔修改,我也动笔润色之,又经作者过目,终于在"文史古迹"栏目中刊出,旋即被《新华月报》全文转载。据说这种转载,不论当年抑或而今,都被报刊视之为不小的荣誉哩!

凡此,都说明《文史知识》在专家、学子中间,以及在社会上的影响,都在逐渐扩大着。

牧之之于《文史知识》,尽心尽力,确实具有艺术性的讲求,贡献巨大。他主持工作,总能做到时进时新,终使《文史知识》成为同类刊物之中的翘楚,并成就了他的大著《编辑艺术》,那已经是水到渠成的后话了。我的美好回味也就到此打住。

2007 年新年于红北诚斋

(《书品》,2007 年第 1 期,中华书局)

风华正茂的歌声

余 喆

时间过得真快,冬去春来,花开花谢,转瞬间离开《文史知识》快十七年了,每当在永夜灯下,对着披霜的双鬓悠悠地回想,仿佛自己又骑着自行车,车后架上夹着刚刚编成的新一期《文史知识》稿件,嗅着景山故宫两旁那淡淡的槐树花香,驶向印刷厂……

我是 1980 年 10 月份调到《文史知识》工作的,开始只是做一些杂务(那时《文史知识》人手很少,实际编辑刊物的杨牧之、黄克先生,一位在总编室,一位在文学室,所以当时我既做秘书,负责稿件收发,来信回复,又管校对,同时跑厂),后来在牧之、黄克二位先生教导提携之下,逐渐学着做一些编辑工作,一直到 1990 年离开。所以说我只是《文史知识》初期的一个亲历者。《文史知识》创刊两三年间就发行 20 多万册,创下了奇迹;《文史知识》创刊而掀起了全国"雅好文史之风";《文史知识》引领上世纪 80 年代"文史时尚"的"巨大成就",早有广大读者的认同和专家学者的评论在先了。我只是拉拉《文史知识》的"家常",为其做个注脚。

一个成功的刊物,必须有一个团结奋斗、努力向上的编辑集体。当年的《文史知识》,可谓是"少壮派",年龄最大的黄克先生 40 岁出头,牧之先生 37 岁,余下诸位干将清一色的未超过 28 岁。大家都是怀着同样的信念,都全身心投入,心无旁骛,心无杂念地努力工作。《文史知识》创刊两三年间,就发行到 20 多万册(最多一期 30 万册)的"奇迹",不知大家付出了多少心血和辛劳。

当时我们的"促销手段"多种多样。一是杨、黄两位先生利用讲课机会,无处不在地宣讲《文史知识》、宣传《文史知识》。上世纪 80 年代初,大众好学之风正盛,各种业余大学应运而生,二位先生被许多学校聘去讲课。记得牧之先生受聘到北京崇文区业余大学讲古代文选,他开场便讲《文史知识》。黄克先生为集邮协会发行《西厢记》邮票做一个《西厢记》的讲座,也侃侃而谈地宣讲《文史知识》。终于有一天,《文史知识》上了"立体媒体",当时中央电大的主讲老师褚斌杰先生力邀牧之先生在电视台讲司马迁《报任安书》,此为《文史知识》与电视结缘之始。

二是到各大院校召开读者座谈会，编辑部两人一组，分头出击，到全国各地大专院校开座谈会，对象为大学文科青年教师、研究生和一些本科生，奉送刊物，征求意见，以扩大影响。十几年后的 2003 年，我到南京，已是一家出版社副总编的一位先生，劈头就叫余老师，说当年在南京师大读书时，你和陈仲奇（原《文史知识》编辑，现在日本）在钟陵老师陪同下，给我们开过座谈会，当时能参加《文史知识》的座谈会好荣幸啊！数人相视大笑。

三是到各种讲座会场去展示、销售《文史知识》（当时无"签名售书"的营销手段真是遗憾，否则以《文史知识》作者的"名头"，若是"签售"，该是何等壮观的场面）。记得一次阜成门外"物资部礼堂"有一个古代文学讲座，得到消息以后，黄克先生、胡友鸣和我三个人，一人一辆自行车，顶着夏日正午的太阳，每人带一包《文史知识》去现场售书，没用 20 分钟全部售光。回来时，见路旁一小饭馆正卸罐装啤酒，我们三人跑进去，一人一升啤酒，痛快淋漓。黄克先生至今还说："从那日起，凡二十年，未曾再饮如此之畅快啤酒矣。"真是苦中有乐，其乐也陶陶。

一个成功的刊物必须有一个相对稳定的具有较高水平的作者队伍。《文史知识》的作者队伍可谓"群星灿烂"、"群星荟萃"：夏承焘、朱东润、郑天挺、余冠英、周祖谟、缪钺、林庚、陆宗达、刘叶秋……可谓"天下英雄尽入我彀中"。《文史知识》有了这批令人高山仰止的专家学者为自己的作者队伍，有了这些"大专家"写的"小文章"，逐步形成了自己鲜明的风格，得以沛然而兴。80年代的文史哲大家大多在《文史知识》上发表过文章，一时成为"时尚"。十几年后，我们回过头来看，对这些前辈专家学者充满了敬意和感激。不算"文革"十年革了文化的命，改革开放至今也已三十年了，这数十年间世界发生了多大的变化？中国发生了多大的变化？但是只有文化学术的传承难以撼动。如今国学的回归、《于丹〈论语〉心得》一月之间销售百万册、创刊二十多年依然以其独有的特色和朴实无华的风格拥有数万读者的《文史知识》就是实证。原因何在？考究起来，一个重要原因就是有像《文史知识》的作者这样一批孤守读书人情操志节，终生致力于文化学术薪火传承的令人景仰的学术前辈。

当年牧之先生、黄克先生经常带着我们去拜访那些老一辈的专家学者，记得经常去的是朝内大街社科院文研所的宿舍大院，那里住着一些当时是"超一流"以及后来成为"超一流"的学者，如余冠英、陈友琴、蒋和森……牧之先生曾经带我去拜访蒋和森先生。事前牧之先生告诉我，蒋先生是一个才子,同时又是一个"苦吟"作家,年轻时一本《红楼梦论稿》名扬天下,转而又研究唐代文学、研究杜甫,近来又进行文学创作,用功甚勤,大有"语不惊人死不休"的精神。由于蒋先生是夜间工作上午休息,中午11点半我们才去拜访他,蒋先生和牧之先生二人相见,惺惺相惜,谈得颇为投机,谈话后不久所约的稿子便如期而至。当时,我在旁边聆听二位的谈话,觉得蒋先生是如此的瘦削,比实际年龄显得苍老许多,暗叹笔墨生涯是如此的磨人。自那天起,我四处奔走购买蒋先生的《红楼梦论稿》,蒋先生从此又多了一个"崇拜者"。

后来,在牧之、黄克先生的具体教导扶持下,自己也能独立去拜访作者组稿了。印象最深也最难忘的就是去拜访宗白华先生,那确实是一次美的陶冶和心灵的震撼!那年冬天,为"怎样欣赏古典诗词"栏目组稿,我去拜访宗白华先生。宗先生住在北大未名湖畔的一公寓的一楼。我轻轻敲门,应门的是一位穿着中式棉袄、前襟由于很久未洗有些发亮的老人。我说找宗白华先生,老人说:"我就是宗白华。"眼前就是我仰慕已久的美学大师、"五四老人"!我表明身份,说明来意,老人念叨着:"《文史知识》看过看过,好,好。请进请进。"一边往里走。屋里光线很差,我适应了一下黑暗,把选题设想和选目递上去请他老人家提意见指教。老人把选题凑到离眼睛很近的地方仔细地看着,然后便滔滔不绝地讲起来,他像所有年迈的学术老人一样,旁若无人地沉浸在自己的学术思想里,他给我讲什么叫"中国的艺术意境",讲中国山水画与山水诗之间的关系,讲晋人的简约玄淡之美……一边讲,一边随手拿起放在桌子上他收藏的艺术品举例,我听得入了神,连请老人写稿的话都忘了说。将近中午,我只好向老人告辞,老人这才从他的"艺境"里回到现实中来。他执意要送我,一直从楼门送到未名湖前的柏油路上,在我再三劝说下才往回走。望着老人的背影,我于惆怅中不禁想起老人美丽的《流云》小诗:"啊!诗从何处寻?在细雨下,点碎落花声;在微风里,飘来流水音!在蓝空天末,摇摇欲坠的孤星……"眼前这位老人不就是那"蓝空天末的孤星"吗?几十年来他一直踽踽独行在美学道路上,恪守着自己的学术思想,像细雨,如微风,点点滴滴,扬扬洒洒,把美散播给后来者。而今我们的文化学术界期待的不正是这样的学人风骨吗?

"追忆逝水年华"是人之常情,人到中年总是有些许"往事如烟"的慨叹。《世说新语·言语》记载:"桓公北征,经金城,见前为琅邪时种柳,皆已十围,慨然曰:树犹如此,人何以堪?攀枝执条,泫然流泪。"桓温武人,情致尚且如此。屈指算来,《文史知识》已创刊二十六个年头了,从李侃、杨牧之、黄克诸前辈荜路蓝缕创业算起,《文史知识》也应有三四代经营者了,它已经从稚嫩的幼苗成长为一棵青青玉树。回忆往昔岁月,真是感慨丛生。而今我们面对《文史知识》这棵青青玉树,泫然而下的应是对它成长的欣喜和殷殷期望。

青春的岁月是人生最为缅怀的岁月。

我特别喜欢蒋和森先生《红楼梦论稿再版后记》结尾处的那段文字:"'结束铅华归少作,屏除丝竹入中年',我颇欣赏这两句诗的况味,然而我还是爱听风华正茂的歌声。"

(《书品》,2007 年第 1 期,中华书局)